卷首语

谍战永远是这个世界上最神秘、又最吸引人们目光的特殊战争。谍战虽然不是发生在打打杀杀的战场中，却也是你死我活的惨烈争斗。一个优秀的间谍不仅主导着自己一方首脑的战略战术安排，甚至还影响着国家之间发展的关系和大势走向。

尤其是20世纪以后，由于两次世界大战的爆发，以及两种意识形态之间的空前对立，谍战也呈现出前所未有的新特点，变得更加激烈、更加残酷。这些谍战活动在某种程度上还改写了世界历史发展的进程，改变了当时的世界局势，对后世也有着深远的影响。

在这个彰显个人魅力和能力的隐蔽战线上，各国优秀间谍明争暗斗，煞费心机。他们不但要具备高超的交际手法，而且要会运用种种提升自己生存空间的技能，要会施用独出心裁、异想天开的手段，使敌人不但遭到挫败，而且运用“障眼法”使敌人长时间困惑不解。

这些间谍平日里不露声色，却在历史发展的关键时刻突然登场：一个具有传奇色彩的女谍竟然不惜背叛自己的祖国，残杀自己的同胞，分裂自己的国家，以便赢得自己飞黄腾达的“桂冠”，结果把自己永远的钉在了历史的耻辱柱上。法国第七处在世界谍海鏖战中闲庭信步，经历了大风大浪，战绩辉煌，却因为一个下属的恶意绑架行为，顷刻间分崩离析，从此在历史的舞台上永远的消失了……

本书所选的谍战故事情节曲折，事件交错，关系复杂。既有我们熟悉的诸如007的原型波波夫、用生命保卫苏联的佐尔格等广为人知的著名间谍外，也有谍战史上精彩纷呈的“肉馅计划”、克格勃精心设计的“换妻”游戏、美苏之间窃听与反窃听的斗争等等，无不是谍战的经典之作。

本书再现了谍战史上刀光剑影下的场景，刻画了灯红酒绿中善与恶的搏斗，凸显了众多间谍活跃在台前幕后的智慧和意义。目的是期望读者能够通过本书拂开历史的部分迷雾，对尘封的谍战档案有更多的了解。

目录 CONTENTS

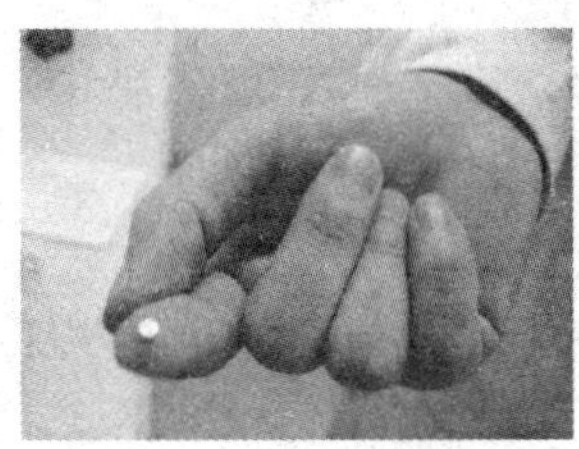

启　事

欢迎投稿，本书中部分图片及文字未联系到原作者，相关作者看到后请与我编辑部联系，以便补付稿酬。

地址：北京市西城区右安门西街8号801房间

邮编：100054

投稿：tiedaoly@163.com

编委会成员

图书在版编目（CIP）数据

谍战风云 / 《时刻关注》编委会编. -- 北京：中国铁道出版社, 2013.1（2014. 8 重印）
（时刻关注）
ISBN 978-7-113-15751-7

Ⅰ. ①谍… Ⅱ. ①时… Ⅲ. ①间谍－情报活动－世界通俗读物 Ⅳ. ①D526-49

中国版本图书馆CIP数据核字（2012）第292431号

书　名：谍战风云
作　者：《时刻关注》编委会　编
责任编辑：田　军
电　话：（010）51873012
封面设计：鑫联必升
责任印制：郭向伟
出版发行：中国铁道出版社
（北京市西城区右安门西街8号，100054）
网　址：http://www.tdpress.com
印　刷：三河市兴达印务有限公司
版　次：2013年2月第1版
2014年8月第3次印刷
开　本：787mm×1092mm　1/16
印　张：8
字　数：205千字
书　号：ISBN 978-7-113-15751-7
定　价：10.00元

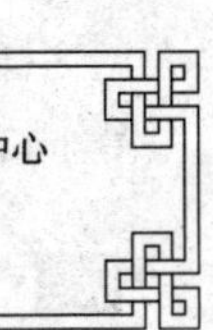

发行单位：中国铁道出版社站车文化图书出版中心
发行电话：(010)51873073　51873203

东方女谍川島芳子

无论时间过去多久，“川岛芳子”这四个字永远都不会冷却。这个名字就像一块充满魔力的磁铁，吸附着太多的故事、争议和猜测。她的身世、她的经历、她“死后”的谜团，有些也许永远都不会有最后的真相与结论。这位“东方魔女”的一生有太多需要讲述的东西，很悬疑，同时也很罪恶……

改头换颜的大清格格

川岛芳子（又名金璧辉）其实是个地地道道的中国人。她的原名是爱新觉罗·显玗，是大清肃亲王善耆的第十四个女儿。“玗”是善耆根据满语“十四”的谐音而自创的汉字，意为“似玉的美石”。她自小聪明伶俐、乖巧可爱，善耆对其甚是喜爱。她出生的时候，清王朝已经走向没落，她的父亲非常痛恨时刻不忘推翻清王朝的革命党人，期望能重新光复“八旗”的荣耀。

1912年，清帝退位，肃亲王善耆回到东北，他不甘心祖业就此失去，筹谋了一系列的复辟活动。其中一个重要的动作，就是把自己所有的子女都送到国外去，其中绝大多数去了日本。善耆的目的很明确，就是让这些儿女去国外寻找靠山，接受锻炼，以完成复辟大业。就这样，年幼的显玗离开了中国，登上日本的客轮，在大海上航行数日，东渡到日本。

川岛芳子幼时照片

善耆在日本有许多友人，他一路上都在掂量将女儿托付给何人？最后，他决定将女儿过继给一位最有实力日本朋友——川岛浪速。川岛浪速对善耆的重托显得有些受宠若惊，庞大的清帝国虽然消亡了，但是这些清朝皇族的能量却不可忽视，随时都有可能重新飞上九天。

川岛浪速知道，清朝的根基在中国东北的白山黑水，因此，来自中国东北的实力派人物——善耆就很有战略价值。如今善耆的相托，更加让他坚信了攀附中国的皇族、征服白山黑水的欲望，这同时又可以为川岛家族带来无限荣誉，何乐而不为呢？川岛浪速信誓旦旦地保证，一定不负厚望，为善耆培养出匡扶清王朝的得力干将，善耆大受感动。回国前，善耆语重心长地嘱咐显玗：“别忘了你是满洲人，你的祖业在中国。”更深刻的话没有说，孩子还太小，说多了她也不会理解。

善耆走后，川岛浪速便为显玗取了个日本名字叫“川岛芳子”，并认显玗为养女。此时，川岛芳子年仅6岁，未接受过任何系统的教育，可谓是一张白纸。川岛浪速就在这张白纸上肆意地涂写武士道精神、军国主义思想，种种残忍、暴力、专制思想侵蚀着芳子年幼的神经。川岛浪速还从小就给她灌输日中提携，满蒙独立的思想。

每天上学的路途并不远，可芳子却坚持骑马上学。尽管学校并没有禁止学生骑马上学的制度，但无拘无束的芳子却经常以此扰乱学校。有时，她干脆把马牵到教室里，牵到老师的讲台上，致使课堂混乱一片。学校找到川岛浪速，希望他管一管这个无法无天的女儿，川岛浪速表面答应着，却只是轻描淡写地说两句，任由芳子横蛮地成长。仅仅几年，这位在大清皇家礼仪中长大的皇族格格就开始变得蛮横无理、泼辣放肆。

读完丰岛师范附小后，15岁的川岛芳子进入松本高等女校读书。

初恋亦美好

17岁时，川岛芳子出落成一个容貌俊美、身材苗条的少女。这对于好色的川岛浪速而言，简直成了一种折磨。日本特有的那种风俗，使得他开始视养女为私有之物，他担心有朝一日川岛芳子被人夺走，总想展开一场不伦之恋，据为己有。所以，每当川岛芳子与异性谈笑或者游玩，都会遭到川岛浪速的白眼或是严厉训斥。

少女几个不怀春？川岛芳子不经意间爱上了一个外形俊朗，有着满腹的理想与抱负的青年，这是她的初恋情人——森山。接触了几次，川岛芳子开始喜欢上这个硬朗的青年才俊。她和闺蜜也会谈起这位心上人，流露出愿意和恋人厮守终身的幸福感。她的女友取笑川岛芳子犯了严重的花痴，不再是以前那个风风火火、敢和拿着刀的武士一较高低的芳子了。

川岛浪速（前排中坐）与家人合影

一个秋日的下午，森山耐不住相思之苦，来到川岛家拜访。恰好川岛浪速不在家，川岛芳子就将客人请进了客厅，两人喝着茶，兴致勃勃地攀谈起来。她的初恋是个从苏联留学回来的人，谈论的很多话题都是芳子从未接触过的，她感觉十分新鲜，更增添了对世界其他国家的几分好感。

两个人正聊得火热，川岛浪速如鬼魅一样出现在二人面前，朝着川岛芳子大吼："这里是你该出现的地方吗？"芳子大惑不解："难道要让客人一个人坐在这里等吗？"这一反问，让川岛浪速更为恼火，挥手便向川岛芳子打去。森山立即起身护住了芳子，这更让川岛浪速怒不可遏。

川岛浪速拿着木剑一路击打着这个青年，将他赶出门去。随后，川岛对芳子说："送你到日本来时，你父亲交代说，你最终还是要回到中国的。他也好、我也好，都不希望你留在日本，中国有许多需要你做的事情。"

过了一些时日，森山趁川岛浪速外出之际再度来到川岛家，希望芳子能跟他私奔，摆脱"噩梦般"的生活，两人一起去寻找光明的未来。然而，川岛芳子却面无表情的拒绝了："请原谅，我不能和你走。"森山还想说什么，芳子突然歇斯底里地大叫："你走，我不想再见到你！

恋人大惑不解，前几日还眉目传情的川岛芳子，怎么突然翻脸不认人了呢？

被养父强奸

原来，就在恋人被狼狈赶出去家门之后的某一个下午，川岛浪速让芳子到他的书房里来，说有一封来自中国的家书给她看。川岛芳子进了书房，川岛浪速很随意地按下了门锁。芳子没有想到这一反常动作暗藏的凶险，而是等着养父拿出家书来看。

川岛浪速沉默不语，故作深沉状，芳子有些奇怪，又不敢开口，只是低着头等着养父发话。一片沉寂之后，川岛浪速猛地一下把芳子死死搂住。川岛芳子一次次试图挣

女扮男装的川岛芳子

脱，可一次次失败了。川岛浪速粗暴地强奸了她。

川岛芳子曾想过自杀，也想过就此离开川岛浪速，但不知为什么，她最终还是留在了养父身边。当晚，她在手记里写道："于大正13年10月6日，我永远清算了女性。"次日一早，她头梳日本式的发髻，身穿底摆带花的和服，拍了一张少女诀别照。然后进入理发店，让艺妓给他剪了一个男式分头，并从此开始以男装示人。

川岛芳子的哥哥宪立回忆，川岛浪速曾向他说过这样一段话："你父亲肃亲王是位仁者，我是个勇者。只为仁者，难得天下，光做勇者，亦将失败。我想，如果能将仁者与勇者的血结合在一起，所生下的孩子，必然是智勇仁兼备。"这大概就是川岛浪速强奸芳子之后冠冕堂皇的解释吧！也只有日本那个国度的另类文化，才会有这样畸形的理论吧。

不管怎样，川岛芳子彻底忘记了爱情，似乎失去了一切知觉。待她穿上男装后，曾经充满爱情幻想的少女"死"去了，一个恶魔诞生了。川岛浪速不失时机地对芳子的说："你知道你要怎么做吗？"川岛芳子平静地说："我很清楚我来日本的意义。"

川岛浪速兽性的后果，使川岛芳子对整个世界的看法发生了诡异的扭曲，她开始和周围的男人毫无顾忌的打情骂俏，以至于后来放荡不羁的报复男人，利用男人，书写了她被日本军国主义驱使、声名狼藉的一生。

从这一刻开始，川岛芳子接受了间谍训练，比如：骑马、击剑、柔道、射击、跟踪等，而后是训练她如何收集资料，如何散布谣言，制造阴谋和如何利用美色俘获男人……

男装丽人

1927年，21岁的川岛芳子回到中国，为了拼凑所谓的"复国势力"，她与蒙古巴布扎布的儿子甘珠尔扎布在旅顺结了婚。婚礼置办的十分排场，来宾也很多，尤其是在东北嚣张得不可一世的日本人也出席了婚宴。

蜜月过后，川岛芳子随丈夫去草原生活。然而，这桩政治婚姻并未能持续多久。首先，草原的落后环境让她很不舒服。芳子还发现，甘珠尔扎布胆小懦弱、不思进取，依靠他不会有什么作为，对自己完成父亲的大业没有帮助。婚后不久，川岛芳子便和丈夫吵吵闹闹，甚至动刀动枪，最后她竟然从草原不辞而别。

川岛芳子回到了奉天（沈阳），这里是日本人与张作霖争霸的焦点地区所在。按照她的父亲善耆的设想，如果东北和蒙古独立出去，就可以作为复辟大清的基地，这也是日本人最想看到的结果。同时日本人认为东北和蒙古的独立最终必将会成为日本帝国的一部分，在这一点上，日本人是极力赞同的。然而，张作霖在东北的势力日渐强大，明显成了善耆复辟梦和日本人如意算盘中的最大阻碍。

川岛芳子结婚照

张作霖虽然是草莽出身，杀

皇姑屯事件现场

人如麻，但对日本人却很反感。日本人向张作霖强索铁路权，提出一系列无理要求，包括开矿、设厂、移民和在葫芦岛筑港等，张作霖对此始终是拖延，让下面的各个部门相互踢皮球，就是不签署任何文件。这种态度使日本内阁不能容忍，因此视其为侵占中国东北的最大障碍。

日本人也曾想过用武力逼迫张作霖，不料这个“东北王”竟然软硬不吃，还调上来几个师在日本驻军周围排兵布阵，一副闲的无事、在此训练的样子。面对这个难斗的“土匪头子”，日本人决定找个机会除掉张作霖。1928年春末，日本军方召见了川岛芳子，向她介绍了整个计划，并希望她尽快查清张作霖由北平返回奉天的准确时间。

为什么要选川岛芳子呢？因为一则川岛芳子在嫁给蒙古甘珠尔扎布前曾是张学良的偏房候选人，虽然被张学良拒绝了，但是有那么一丝缘分；二来，她还有个十四格格的身份使其不容易被怀疑。不过，张学良不肯见她。

争斗历来是男人的专利，她的出现立刻让这场纷争变得摇曳多姿起来。川岛芳子对男人有一种杀伤力，行动起来更有效果。很快，川岛芳子就用色相征服了张学良身边一个姓郑的副官，轻易地拿到了张作霖行程的时间表。当然，这是她第一次使用色相获得情报，也是她第一次扮演一个日本走狗，成为一个杀害自己同胞的间谍角色。川岛芳子自认为就此踏出了复辟大清的第一步，而事实上，却成了背叛祖宗的汉奸。

初战告捷，令张作霖在皇姑屯遇难。川岛芳子在这一事件中的表现得到了日本军部的认可。一时间，“间谍之花”、“格格间谍”等名号在日本传开，川岛芳子也踏着张作霖的尸体在日本关东军特务机关迅速蹿红。日本媒体称其为“东方的玛塔·哈里”。玛塔·哈里是20世纪著名的女间谍，擅长色诱骗取情报。但川岛芳子本人对这一称谓十分排斥，于是日本人又称她为“男装丽人”。

伺机搞乱上海

1931年9月18日晚，日本关东军炸毁沈阳柳条湖附近的南满铁路路轨，并嫁祸于中国军队。日本侵略军以此为借口，突然向中国军队发动进攻。由于东北军执行蒋介石的不抵抗命令，当晚日军便攻占北大营，次日占领整个沈阳城。短短4个多月，中国东北全部沦陷。这就是震惊中外的“九一八”事变。

“九一八”事变后，川岛芳子结识了时任日本关东军沈阳特务机关长的土肥原贤二，开始屡屡被委以重任。他将川岛芳子派往上海，与当时驻上海的田中隆吉会合。他

“九一八”事变后日军占领东三省

指使田中隆吉和川岛芳子，在中国最大的城市上海制造一起恶性事端，转移国际视线以配合建立满洲国，并煽动中国人抵制日货，扩大事态，进一步让上海、南京等地燃起战火。

日军驻上海的特务机关长田中隆吉，此人性格狂妄，一贯飞扬跋扈，连他的同僚都形容他是穿着军服，携带手枪的疯子。他早就听说了川岛芳子漂亮而风流，一直想尝尝这难得的“野味”。听说川岛芳子要来上海，他是高兴得心花怒放。果不其然，二人很快就苟合在一起。渐渐地，川岛芳子发现，这是一个狂妄的亡命之徒，而她也正需要这样的强人在政治上的帮助和生理上的刺激。

按照当时日本侵略军的如意算盘，上海是中国最大的城市，也是南京国民政府统治下的经济中心。如果占领了上海，不但可以迫使南京政府承认满洲独立的既成事实，而且还可以把上海变成日本进一步侵略中国的桥头堡。同时，上海也是世界列强的利益争夺地，尤其是英美两国在上海都有很大的利益。如果挑起上海战事，即使遭到列强的干涉和中国军队的抵抗，也可以借此转移中国和国际社会对满洲建国的注意力。

这两个人便开始阴谋策划一件轰动上海滩甚至轰动世界的血腥罪行，但是从哪里入手，他们一时还没有头绪。于是，川岛芳子就整日混迹在舞厅里，用她天生的美色结识国民党政府的新贵要员们，寻求各种日本军部所需要的各类情报。

拐带皇后出逃

1931年11月12日，川岛芳子突然接到紧急命令，命令要求她立即赶赴天津，执行一项重要的任务。原来2天前的深夜，土肥原贤二秘密把溥仪从天津静园接到了东北大连，准备建立傀儡政府——“满洲国”。溥仪出逃时，没让皇后婉容知道，这让婉容大为不满，整日里闹得死去活来。为了完成建立伪满洲国进而侵吞全中国的“大东亚共荣圈计划”，日本军方决定把婉容接来，但却苦于没有合适的人去办这件事情。正在这个时候，川岛芳子的名字出现在军方的视线中，她在刺杀张作霖事件、以及“九一八”事变等一系列重大活动中的表现，使她成为最合适的人选。

皇后婉容

1931年11月中下旬的一天，一位着装时尚、窈窕妩媚的漂亮女人来到天津日本租界宫岛街溥仪的住宅——静园。她身穿下摆开口高而大的胭脂色的旗袍，旗袍上有用金线银线绣成的龙状花纹；脚穿一双用同样的布做成的鞋；脸搽脂粉、唇涂口红，那艳丽的丰姿真是吸引人的目光。这就是受关东军参谋长板垣的委托，秘密来津企图将皇后婉容接到“满洲”的川岛芳子。

芳子还带来了一个身体虚弱、看似得了痨病的朋友，这个人是为了皇后出逃而设计的一个障眼法。几天以后，静园放出风来，说是肃亲王十四格格带来的朋友不幸病逝。芳子擦眼抹泪，作出一副悲切之态。依中国的传统习惯，人死了要运回老家，于是装着她“朋友”的棺材便堂而皇之地运出了静园。一路畅通无阻，很顺利地运到了目的地——白河河畔，然后成功地使皇后坐上了一艘开往大连的日本兵舰。经过海上风浪的颠簸，终于平安地到达了旅顺。皇后“对这次可怕的成功冒险”深感满意，于是便把一副翡翠耳坠赠给了川岛芳子，以示感谢和纪念。婉容以为会过上皇后的生活，孰料此时的溥仪已成为听任日本帝国主义摆布的傀儡，从此她自己也落入阴谋的陷阱。在长春，婉容一切都要听从日本人的安排，她的一举一动都受到秘密监视，甚至不能走出大门一步。

由于芳子巧施妙计，把皇后平安地护送到旅顺，让她跟皇帝团圆，为“满洲国”的创建立下了“汗马功劳”，日本关东军特别嘉奖芳子，授其陆军少佐军衔。在关东军军部里，年轻的少壮派军官围坐在她的周围，和她开着半荤半素的玩笑。

当伪满洲国宣布正式成立时，这场登基的闹剧，自然少不了川岛芳子的功劳。

挑起“一·二八”事变

从东北返回上海之后，川岛芳子开始构思如何在上海挑起震惊世界的事端。这对川岛芳子和田中隆吉而言并非难事，川岛芳子说：“我认为挑起小事端没有任何意义，只有制造中日双方的流血事件才能名扬四海。如果双方都能死几个人，效果就更好了。”

1932年1月中旬，川岛芳子指使日本日莲宗社的几个成员，一边敲着鼓，一边喊着“打倒支那人”的口号，向上海马玉山路的三友实业社走去。走到工厂大门口的时候，这些人向工厂扔石头挑衅，随后与工人们发生冲突，在混乱中田中隆吉指使汉奸打死了两名日莲宗社的成员，并污蔑为工人所为。事态到了这一步，川岛芳子的目的达到了。

24日，近千名日本侨民和部分日本海军陆战队士兵将三友实业社团团围住，这些人放火焚烧了工厂，造成工人死伤30多人。由此开始，川岛芳子和田中隆吉混在上千人日侨队伍里，在街上见店就砸、见人就打。他们闯进五洲大药房，搜出了抗日义勇军的军服后，将药店砸的粉碎，还把11名店员及经理抓到日军驻沪海军司令部，将他们全部杀害。

被激怒的中国人纷纷上街游行示威，整个大上海就像开了锅一样沸腾起来。川岛芳子还嫌这把火不够旺，指使日本侨民拿着武士刀和铁棍殴打示威群众，还放出“中国军队想要捕杀日本侨民”的口风。随即，日本驻沪海军陆战队向中国军队下了“限期撤出上海”的最后通牒，狡猾的川岛芳了还嫌不够，安排人将停靠在虹江码头的日军上海舰队旗舰“出云”号炸伤，并造谣中国士兵所为。

如此，中日两国间的对立由这几起相互袭击事件而发展到了一触即发的状态，世界各国的注意力也由中国东北移到了上海，四天后，也就是1月28日拂晓，日本侵略军悍然向中国守军第十九路军开火，“一·二八”淞沪抗战就此全面爆发。

十九路军当即予以还击，顽强抵抗，导致日军死伤上万，四易主帅。日军的惨败，使日本朝野一片哗然。军部认为，必须探明十九路军布防的弱点，才能取胜，而这个任务，自然又落到了川岛芳子的头上。

被焚烧的三友实业社

为了搞清十九路军的布防，川岛芳子想到了一个有亲日倾向的人——汪精卫。在汪精卫的帮助下，川岛芳子很快就拿到了绝密防卫图。最后，日本人发现十九路军最薄弱的防卫地点在吴淞要塞的背后。1932年3月1日凌晨，日军绕过吴淞要塞，在浏河白茹口登陆成功，和正面进攻的日军，对十九路军形成腹背夹击态势。十九路军为避免全歼，被迫全面撤退。

轰轰烈烈的淞沪抗战，就这样断送在了川岛芳子、汪精卫这样的汉奸卖国贼的手里。而就在十九路军撤出战斗的同一天，日本关东军发表了所谓的“满洲国独立宣言”，日本军部的阴谋得逞了。

乐极生悲

十九路军英勇抵抗日本侵略者

日本海军陆战队炮击十九路军阵地

完成了上海挑起事端的任务后，川岛芳子返回到东北。在这里，川岛芳子用美色征服了时任伪满军政部最高顾问的多田骏，认其为干爹。在多田骏的授意下，伪满军政部组建了一支名为“安国军”的部队，任命川岛芳子为司令。这让川岛芳子欣喜若狂。她以为实现父亲遗愿的时机不远了，为了显示自己的业绩光辉照人、为祖先增了光，她还特意取了个中国名字——金壁辉，预示着自己的间谍事业开始走向全面辉煌。

此时的川岛芳子，可谓春风得意马蹄疾，她不仅与日本军部取得了更为牢固的联系，并且不费吹灰之力地从一些旧财阀和清朝遗老手里筹集了一批军饷。川岛芳子当了三年司令，也是疯狂敛财的三年。她开始注重自己的格格身份，她的行李中有做得十分考究的军服、纯金三星肩章、华丽的军刀、装在牛皮套里的崭新毛瑟枪、柯尔特式自动手枪，一切披挂应有尽有。她还八方伸手，在旗人中物色男丁充当兵卒，为自己在军界和政界捞足了资本。

川岛芳子成功了，在日本她能影响到后来任首相的东条英机，在中国能在立法院院长孙科手里获取蒋介石下野的机密。她还赢得了一大堆头衔，甚至戴起大将的肩牌。她过着挥金如土、荒淫无度的生活。她摧毁着自己，用容貌和肉体去俘虏男人、利用他们，猎取情报。

1935年，随着日本政坛的变化，军队里的实力派人物也相继发生改变，日本人在东北的各派系力量也重新洗牌。川岛芳子因为平日里的飞扬跋扈得罪了不少实力派人物，不久，日本关东军就宣布解散“安国军”，失去靠山的川岛芳子结束了她所谓的司令生涯。

川岛芳子不甘心就此退出江湖，她到处推销自己，结果没几个人买她的账。日本人有个不成文的约定，“女人地位是下贱的”，所以各个部门都不收留她。川岛芳子灰溜溜的回到了日本，回到日本的川岛芳子并不寂寞，她的大名早已响彻日本四岛。所以她成为东京有名的交际明星，不愁吃不愁喝，过的倒也潇洒。

太平洋战争爆发后，日本在兵源、战争物资等问题上陷于捉襟见肘的困窘境地，因此迫切希望与国民党政府缔结和约。有一天，川岛芳子去拜访回国探亲的多田骏，在他的办公桌上发现了一份机密文件，名为“桐工作”。其内容是日方将与蒋介石密谈，诱降蒋介石。这让川岛芳子兴奋不已，她认为这是自己再次出山的大好机会。第二天，她找到时任日本陆军大臣东条英机的老婆，表示愿意担任向蒋介石劝降的工作，请她将自己的想法转告东条英机。

“安国军”司令川岛芳子

然而，她却万万没有想到，这次主动请缨几乎把自己的命丢在日本。“桐工作”是日本军部的绝密计划，居然让一个非高层的中国血统女人知悉。东条英机勃然大怒，下令逮捕川岛芳子，而后把她足足关了有半年之久。在土肥原贤二和多田骏等人的说情下，才把她勉强释放。川岛芳子一出狱就接到东条英机的手谕，只有一句话，“你已不适合待在日本”。川岛芳子甚至连养父川岛浪速的家都没敢回，直接飞回了天津。实际上，这就算是把她驱逐出境了。

日本甲级战犯土肥原贤二

回到天津的川岛芳子，只能依靠昔日的关系和色相生存。对她最有利的一个因素是，她的干爹多田骏此时已经是“北支那方面军司令”。这样一来，川岛芳子又有了资本，她在天津和北平之间常来常往，渐渐结识了军中的许多新宠。

东山再起

北平宪兵司令田宫中佐早就听说过关于川岛芳子的许多传闻，加之川岛芳子与许多达官显贵联系甚密，于是田宫中佐就设法接近她。经过一番调查，田宫中佐决定见一见川岛芳子。一见面，田宫中佐就好像吃了回春药一样，仿佛芳子身上有一种奇怪的电波射到他的身上，马上感觉到自己被对方彻底俘虏了。

川岛芳子身上那种男人气质反而更加散发出奇特的魅力。虽说不是个绝代佳人，却也长得眉如新月、口似樱桃，着实叫男人心醉。再加上芳子又娴于辞令，知识渊博，比一般人更了解社会，故她的话题丰富，尤其能投男人所好。因此，田宫中佐一见便暗中倾心，甚至川岛芳子说了一句“我陪您去看一次京剧”，已受宠若惊，只觉得浑身热乎乎的，心情一直难以平静。

川岛芳子略施手腕把北平宪兵司令牢牢地控制在自己手中之后，便有条不紊地开始着手自抬身价。首先，川岛芳子利用自己过生日的机会大事铺张，遍请在京朝野名流。其中，华北政务委员会情报局局长官翼贤、常来华北的邢士廉（据说此人与军统头子戴笠私交甚深）、伪满洲国实业部长张燕卿、《三六九画报社》社长朱书绅等知名媒体知名人士、日满大使馆的参赞，以及不少梨园名人都成了座上宾。

宴会刚开始，川岛芳子差人抬来一块刻着“祝川岛芳子生日快乐，北支那方面军司令多田骏”等字的银色大匾。在场的人看到这份礼物，顿时就被芳子的声势镇住了。众人无不攀炎附势，期待攀上她这条高枝。这使川岛芳子很快便打通了她与国民党政界要人接触的渠道。紧接着，川岛芳子又通过大汉奸周佛海、陈公博等人，与蒋介石的红人——军统特务头子戴笠搭上了线，希望戴笠能助她一臂之力。作为答谢，川岛芳子将负责把南京伪政府的特务分布网和北平谍报人员名单送给戴笠。

戴笠早就仰慕川岛芳子的谍报才华，对她左右逢源、暗布机关、胸怀大局的超级间谍风范更是佩服得五体投地。于是戴笠欣然同意双方进行初步的接触，并派亲信唐贤秋扮作北京大药商行的老板与川岛芳子直接磋商有关事宜。川岛芳子在征得日本驻华北方面军参谋部的同意后，将一些非机密性的情报有意透露给戴笠，使军统感到有必要把这位蜚声中日谍报界的“东方女谍”收到麾下效力。

正当川岛芳子和军统特务眉来眼去、关系暧昧之际，由于形势急转直下，国民党与日本军方秘密达成了“和平相处，共同剿共”的协议，川岛芳子便不知不觉地又被日本军部遗忘了。面对日益枯竭的活动费用，川岛芳子决定重新换上“金司令”的招牌，以便招摇过市，骗取别人的信任。她在田宫中佐的帮助下，网罗了二十几个杀人不眨眼的彪形大汉，穿着镶有大将军衔的服装，出入公共场合，专门看准那些有钱的绅士和梨园名旦下手，坑诈钱财。

可谓祸不单行，1941年的7月7日，他的老相好多田

穿军装的川岛芳子

骏调离华北方面军。她再次失去了靠山，这对川岛芳子是个不小的打击。她只好离开天津，搬到北平，希望借助田宫中佐的帮助东山再起，可惜田宫这个时候已经有些厌烦了这个女人。川岛芳子看到自己的未来没有太多的曙光了，也就得过且过了。

锒铛入狱

抗战胜利后，国民党政府在北平将川岛芳子逮捕。但是由于她背景复杂，究竟算是中国人还是日本人，当局一时无法定夺。

川岛芳子生性机敏，善于言词，常让法官哑口无言。事实上，以她的间谍身份层级，既不可能直接参与屠杀平民的行动，也不可能参与制订日军的军机大事，所以法庭要找到具体的物证和人证十分困难。法庭所知道的事多半是根据她的自白，川岛芳子恰好利用这一点，将自己描绘成一个普通的日本侨民。

唯一可以定她于罪的似乎只有国籍问题：如果她被当成中国人，那么“叛国罪”将不可免；如果当成日本人，以日本战犯审判的案例来看、除少数高级的司令官以及在交战中直接杀害平民的下级军官被判刑之外，其他的日本军人和侨民基本上都放回去了，即使那些作恶多端的宪兵队后来受到惩罚的也很有限。

1947年10月5日，北平高等法院法官在拥挤人潮的围观之下做出正式判决，判定川岛芳子是叛国者，并处以死刑。判决文称：一、被告虽有中国和日本双重国籍，但其生身父亲为肃亲王，无疑是中国人，应以汉奸罪论处；二、被告同日本军政要人来往密切，在上海“一·二八”事变中女扮男装进行间谍活动，引发了“上海事变”；三、被告参与将溥仪及其家属接出天津，为筹建“伪满洲国”进行准备工作；四、被告长期和关东军往来，并被任命为“安国军司令”。

判决书首先确定了川岛芳子的中国人身份，这是她罪行的起点。然而这个起点确涉及到一段复杂的历史，一段坎坷不幸的人生。由于清室遗族不能正视历史，与民国政府始终关系不睦。民国初立时，北洋军阀混战，黎民流离，而皇族仍坐享厚禄，自然招怨，最后冯玉祥撕毁民国的协议，以致皇族人人自危，这种改朝换代的无情给日本侵略者提供了一个插手的机会。川岛芳子可以说就是这种重大历史激荡时期的牺牲品而已，如果她没去日本，也许这一生是另一种活法。不幸的是，她的父亲为她选择了一条不归路。

恶贯满盈

1948年3月25日早上6点40分，北平宣外第一监狱，几个狱卒走过来。他们在一个监狱门外停住脚步，打开门，静静地等里面的犯人走出来。

不一会，一个着灰色囚衣、橄榄色毛料西装裤的女囚走出来。她40岁出头，脸部浮肿，上牙已脱落，长期浪荡的生活已毁了她的健康与容貌，但她白皙的皮肤、黝黑的大眼睛和纤小的手，还残留着当年的风貌。这就是昔日鼎鼎大名的川岛芳子，如今已油尽灯枯了。

狱卒将她带到监狱后面的菜园中，行刑官令她面墙而立，问：“是否要留遗嘱？”她用男人那样粗硕的嗓音说：“我想给常年照顾我的养父川岛浪速留封信。”

受审的川岛芳子

被枪决后的川岛芳子

她站着写完了信。行刑官核对了姓名，宣布她的上诉被驳回，并宣读了死刑执行书。行刑官令其跪下。第一声枪响，出乎意料的是，扳机居然没有扣响。行刑官再次扣动扳机，子弹从她两眉之间穿入。她左眼圆睁，右眼紧闭，满脸的血污已不能辨认。

川岛芳子最终由中日亲友收尸，火化后的骨灰由中日亲友各留一半，她的坎坷一生也就此告一段落。

这就是"东方女谍"川岛芳子的一生。不可否认她颇有些姿色，但在她的漂亮后面，隐藏的是鲜为人知的丑恶，时光在她身上洒下了种种迷幻的色彩，甚至直到今天仍旧蒙着一层神秘的面纱。如果仅仅是徒有美色的话，时光早已洗净了她的妖艳，不会有更多的人知道她。而这张美丽脸孔之下，隐藏着一颗丑陋的卖国之心，一颗残酷暴虐，放荡形骸，贪婪狡诈的扭曲的心。在她存在这个世界的时候，揣测、愤恨、鄙夷一刻也没有离开过她，而在她离开这个世界已经很多年以后，猜测、回忆、各种分析调查也一直跟在她的身后。

死后之谜

川岛芳子在监狱后身的菜园中被枪决一个多小时后，川岛芳子的尸体被抬出。然而，因为枪决时使用的是一颗炸子，川岛芳子已面目全非，满脸的泥土混着血水，根本无法辨认。

川岛芳子留下的谜团

次日，多家媒体开始质疑死者的真实身份。有记者提出：首先，行刑时间微妙，为什么要选择天没放亮时行刑；其次，记者在接到通知后，纷纷赶往现场采访，可监狱方面却禁止记者入内，最后经过协商，放进去的只是两名美国记者；第三，死者的面目已无法辨认，无法确定就是川岛芳子，而且，川岛芳子梳着男式的短发，可死者的头发却长至下颌处。

不久，一位名叫刘凤贞的女子报案，说自己的母亲失踪了，同时言之凿凿地说，自己的姐姐刘凤玲就是川岛芳子的替身。据她讲，她的姐姐在监狱里得了很严重的胃病，已经治愈无望；她的姐姐会说日本话，因为知道自己活不长了，便答应替死，换金条给母亲养老。监狱答应给10根金条，却只给了4根，刘凤玲母亲去要，结果就此失踪。对于这个女子的说法，到目前为止，没有确切的证据支持。如果说当年川岛芳子在被行刑前确实被替下的话，那么又是谁救了她？救她的原因又是什么？

历史真相究竟如何？似乎到现在还有争论！

2006年，又有爆炸性新闻传出：大名鼎鼎的川岛芳子一直隐居在东北的长春，人们称她为"方姥"，她一直活到1978年才去世。这个所谓的"方姥"是否就是逃脱行刑的川岛芳子，也没有定论。在她"死后"的半个多世纪里，川岛芳子依然被人们提起。这个充满罪恶和离奇遭遇的女子，永远都会是中国人提起来伤痛而又难以忽略的叛国女谍吧。

法国第七处的辉煌与谢幕

法国国外情报和反间谍局第七处处长勒鲁瓦，是西方谍报界公认的一位智勇双全、功勋卓著的间谍大师。可以毫不夸张地说，法国90%的谍报战果均归功于他领导的第七处。回顾自己30年的特工生涯，勒鲁瓦说道："我立志全身心投入特工事业，甚至不惜牺牲自己的生命。我以自己独特的方式工作着，为了弄到情报，我四处搜寻，总能得手。但哪里料到，道路的尽头等着我的却是一场悲剧。"

劫粮的地头蛇

法国人虽然在"二战"中表现的不那么尽如人意，但是，这个国家民众的抵抗运动还是十分值得称道的。德军突破阿登山脉之后，势如破竹，英法联军一败涂地。不久，法国就投降了，建立了亲德的维希政府。许多年轻人不甘做亡国奴，纷纷加入游击队或者地下抵抗组织，开展打击德军和法国投降派的行动。

有一个法国布列塔尼人，他生性倔强，不畏强暴，在战争的洗礼中转变成为一位著名的间谍，他叫勒鲁瓦。他的名字我们也许有些陌生，但是提到法国第七处，知晓的人就多了。这个日后名扬国际的法国国外情报和反间谍局的中坚力量第七处，就是按照勒鲁瓦在布列塔尼组织的地下活动网的模式建立起来的。因此，在世界谍战史中，勒鲁瓦绝对是一座不可逾越的高山。

勒鲁瓦（右）

"二战"时，勒鲁瓦还很年轻，觉得战争来临对他来说不见得是一件坏事，投身战争中，兴许还能赢得欢乐和改变自己的命运。面对艰难时世，一些软弱的人没有顶住，他们退缩了，甘心做了亡国奴，但勒鲁瓦却不屈服。德军占领布列塔尼不久，工作能力很强的勒鲁瓦就被任命为当地伪政府粮食管理局的稽查官。他的职责是"督促检查，确保装载粮食的车队顺利驶抵德国"。本来勒鲁瓦不想接受这个差使，但是战争中也得生活啊，不工作哪来的生活费呢？所以勒鲁瓦倒是爽快的担任了这个职务，在他的心里，还有一个大胆的计划。

俗话说得好，"强龙压不过地头蛇"，面对远道而来、住在法国不走的"德国大表哥"，勒鲁瓦占尽了天时地利人和。他联系了身边的几个铁哥们，利用自己极为有利的身份，在整个布列塔尼乃至周围地区建立了一个真正的地下抵抗组织，一有机会就破坏德

戴高乐呼吁法国民众誓死抵抗德军侵略

军运送军粮的列车。这就有点像中国的铁道游击队的作风了，在他的一生中，最初这段时间的地下革命经历对他日后从事特工活动大有裨益。勒鲁瓦很快摸索出一套对付德国人的方案。

活动初期，为了避免暴露，他们的人数不多，其中许多都是勒鲁瓦终生难忘的儿时伙伴。在这里不能不提到他的铁哥们雷蒙·阿迈尔。和勒鲁瓦一样，阿迈尔以后在法国国外情报和反间谍局的历史上也占有重要的位置。1941年初，勒鲁瓦去北滨海省检查工作时和胆大心细的阿迈尔邂逅。当时，他和阿迈尔都只有20岁，正是青春焕发、无所顾忌的年龄。两个人的目光一接触，就相互看到了内心隐藏着的战斗激情。他俩坐在一起喝了几杯酒，就一见如故，阿迈尔彻底被勒鲁瓦的魅力所征服，随即追随勒鲁瓦，成为勒鲁瓦最得力的助手。

难缠的特派员

随着勒鲁瓦破坏德军运粮行动的成功，德国人前线的粮食不时地出现短缺，德军参谋部大为恼火，几次调查也没有找到“罪魁祸首”。最后，德国空军司令戈林出了一个坏主意：让法国人去调查法国人吧！毕竟他们是最了解本国人心理和行为。于是法国粮食总局稽查长马里埃纳被委任为特派员，来到布列塔尼地区进行实地调查。

马里埃纳风度翩翩，曾经是个很有地位的政客。他做事很稳重，显然受过高等教育。他还有一副和蔼可亲的面孔，任何见到他的人都会觉得他是一个值得信任的人。法国投降后，他在粮食系统里谋了这份差使，虽然经常因为粮食被抢劫而遭到德国人的训斥，还好他多方走动关系，总算保住了这个收入稳定，又很体面的位子。

马里埃纳比勒鲁瓦大20岁，他两鬓已经斑白。他带着几个随从来到布列塔尼，在勒鲁瓦的办公室里，他倾听了勒鲁瓦的汇报，问的很详细。有几次，勒鲁瓦都担心他再继续追问下去，就会触及到劫粮的细节上。虽然在一些车皮调度和火车行进时间的工作安排上，勒鲁瓦是精心设计过的，一点看不出破绽。但是马里埃纳却总能从他意想不到的角度提出一个又一个古怪的问题，令他防不胜防。

勒鲁瓦觉得，马里埃纳是个十分难缠的家伙。也是个危险人物，再这样下去，勒鲁瓦和他的同伴都有可能暴露，他想找个机会除掉这个精明的特派员。但是，如果马里埃纳在这个时候死亡或者失踪，最大的嫌疑者就是自己无疑了，最好的办法是制造一起意外事故，神不知鬼不觉的完成这一切。就在他积极寻找良策和机会时，马里埃纳主动找上门来了。

一天傍晚，马里埃纳独自一人拉着勒鲁瓦出去喝咖啡。在“慕尼黑之夜”咖啡馆里，马里埃纳选择了一个角落里的座位，要了两杯咖啡。闲谈了几句之后，马里埃纳突然郑重其事地对勒鲁瓦说：“小伙子，我觉得你我可以开诚布公地谈一谈。我现在很了解你和你所从事的伟大事业，你要耐心听完我下面所

德军在法国生活得很潇洒

德军纳粹秘密处决法国抵抗者

说的话。我名义上是粮食稽查处的，实际上我隶属于法国一个地下抵抗组织。我们观察你有一段时间了，你和你的同伴很勇敢，你们是好样的。从你们身上我看到了法国的希望，法国需要像你们这样的勇敢者，去从事一系列有计划的抵抗活动。譬如，破坏敌人的后勤补给线，收集敌人的情报，渗入敌人后方制造混乱等等，但我们并不希望你去干轰动一时但又难以持续的鲁莽行动。"

勒鲁瓦有些沉不住气，他不知道对方说的是不是真心话，或者是在套取自己的秘密。他内心世界的阵阵波澜没有逃脱马里埃纳的眼睛。马里埃纳随即说出了自己的真实身份，原来他是法国著名的西普里安地下抵抗组织的大头，化名叫做"莫尔旺"。莫尔旺的大名勒鲁瓦早就有所耳闻，却不敢相信这个大人物就坐在自己面前，而且两个人还喝着咖啡聊着天。

马里埃纳知道勒鲁瓦有顾虑，就说出了他所掌握的勒鲁瓦的一些机密的行动，同时也指出了勒鲁瓦显露出的一些破绽，还告诉他如果想要做好抵抗运动，还需要更严密的计划和精湛的队伍，以及更多的特工培训，否则早晚都会被敌人发觉。

心中想要暗杀的敌人突然成了最亲密的战友，如此戏剧性的变化实在令人吃惊。惊愕之余，勒鲁瓦了解到马里埃纳所在的组织早就注意到布列塔尼抵抗活动的伟大成就，希望将他们纳入西普里安机构的体系中来。马里埃纳此次布列塔尼之行的最大目的就是为了"招安"而来。

勒鲁瓦早就想加入这个组织了，无奈无人引荐，如今这个特殊组织的最高负责人就在眼前，还这么推崇自己，他不禁热烈地表示，急盼加入西普里安。马里埃纳当即同意了他的请求。事后，马里埃纳指导勒鲁瓦重新搭建了布列塔尼的组织机构，提出了一系列工作指导方案。勒鲁瓦领导的队伍很快成为一只工作效率奇高的优秀间谍组织，从此以后，勒鲁瓦领导的地下活动遍及布列塔尼的每一个角落。刺探情报，监视德军的军事部署，拍摄军用机场港口设施和铁路干线的照片，组织和协助自由法兰西战士乘坐渔船前往英国。总之，只要有利于法国的事情，他们都干。为了掩人耳目，马里埃纳给勒鲁瓦取了个化名，叫作"菲维尔"，菲维尔很快成为让德军头疼的一个名字。

勒鲁瓦从一个民间抵抗组织的小头领迅速转变为一个优秀的间谍组织地区领导人。"直到今天，他那次讲话的热忱表情，还时时浮现

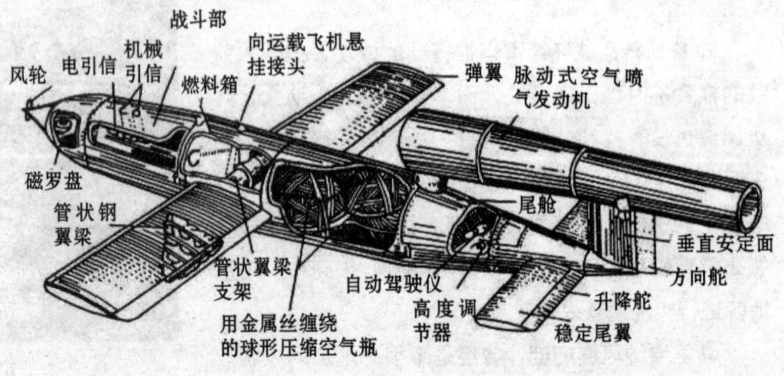

V–1导弹结构示意图

在我的眼前，他那说话的诚挚语调仍经常萦绕在我的耳旁。”勒鲁瓦这样回忆马里埃纳。

寻找V-1发射基地

1942年底，损兵折将的希特勒开始痛骂他的军事将领，两线作战耗尽了德军的精锐和士气，他急需结束这种多个战场开战的局面。他开始计划结束英国的军事抵抗，摧毁伦敦的如意算盘，让美国人失去参加欧战的踏板。由于英吉利海峡的存在，德军渡海作战显得有些力不从心，希特勒所倚重的是德国科学家最新的研究成果——V-1导弹。

这是一种临时上马的独创性武器，设计的出发点就是可以大规模使用，要求廉价。V-1导弹通过一套简单的导航系统飞向目标，依靠一套与导弹一体的陀螺仪维持飞行的稳定，一个磁性罗盘控制导弹的方位，还有一个气压高度器控制其飞行高度。当导航系统确定导弹到达目标上空时，会调整并锁定导弹水平尾翼上的舵面，使导弹以很小的角度“掉”向目标。但是这样有时候会造成失速，导弹发动机停转而下坠。这种发动机突然关车使导弹的呼啸声骤然停止，而这会造成了更大的恐慌，因为这意味着在几秒之后，会有一个巨大的爆炸在旁边发生。

有了这个利器，英国人很快就会央求德国大表哥手下留情了。于是，在法国的被占领土上，德军沿着海岸线修筑了一批绝密工程，从那里可以向伦敦发射V-1火箭。“我要在伦敦扔下50000枚V-1导弹，让伦敦从地球上彻底消失，让丘吉尔和他的伦敦一起见鬼去吧！”希特勒狂妄地叫嚣着。

1943年8月的一天，勒鲁瓦得到上级指示，配合一个名叫霍华德的人寻找德国人的导弹发射基地。原来霍华德偶然获知，德国人正在鲁昂附近修建两处不平常的建筑，更可疑的是，德国人对此采取了极为严格的保密措施，所有工人都是从波兰抓来的劳工。为了弄清德国人施工的真相，霍华德和勒鲁瓦来到了鲁昂。他们把自己打扮成波兰人，并取得了一个波兰劳工的信任，换上蓝布工装，混进了施工队伍。他们发现，工地上几百名工人正在浇筑混凝土。这时，他又注意到了一条长约50米的水泥槽，上面还有用蓝色油漆描成的笔直的指示线，极像是某种发射架的底座。勒鲁瓦取出随身的罗盘，悄悄测量了一下，发现它正好指向海峡另一端的伦敦!

当晚，勒鲁瓦和霍华德就把这神秘基地的重要情报通知了自己的上级。很快，盟军的高级将领们得出了这是导弹发射平台的结论。按照希特勒吹嘘的“50000枚”弹头计算，在法国至少还要建造100个这样的平台。上级立即命令勒鲁瓦放下一切工作，配合霍华德，集中力量彻底摸清每一个隐秘基地。

霍华德和勒鲁瓦带着几个人拿着地图，骑着自行车，沿着海岸线，由北而南开始了全国大追查。每到一处，他们就和当地的群众交谈，打听外国劳工最集中的地方，这是目前唯一的线索。在3个星期的长途跋涉中，他们成功地找到了几十个基地并在地图上做好了标记。时间越来越紧迫，但是这些秘密基地大都隐藏在深山老林之中，寻找起来费时费力，同时还不得不应付德国士兵的严密盘查。

在一个叫卡利的地方，他们发现了一处建在密林中的基地，4个德国工程师正在验收。勒鲁瓦搞来一辆小汽车，远远地跟在后边直到一座灰色的二层小楼。幸运的是，霍华德发现自己的一位朋友就在这栋楼里工作。几天以后，在朋友的帮助下，勒鲁瓦潜入小楼，一份临摹的“V-1导弹发射台分布总图”便到了霍华德的手里。这样的基地在法国约有上百处，且都集中在一条长200公里宽30公里、大致与海岸线平行的带状地区。

总图很快送到了英国的情报机关。英国皇家空军连续5个星期出动，按照情报准确地轰炸了73个V-1导弹发射基地，连同那些已经运到的巨型火箭，基地全都被炸成了废墟。绝望的希特勒悲哀地嚎叫道：“是谁泄露了我的绝密工程？”

但是，还有一些导弹基地躲过了勒鲁瓦的侦查，还是有大约1万多枚V-1导弹发射至伦敦，大约造成了4.6万人的伤亡，摧毁了1.3万栋建筑，损坏了7.5万栋建筑。如果没有勒鲁瓦和霍华德的情报，伦敦的损失会比这大的多。

法国抵抗组织成员准备迎接盟军登陆

战争结束后，皇家空军授予霍华德金十字勋章，这是英国授予外国人的最高荣誉。在谍报史上，人们更愿意称霍兰德是“拯救了伦敦的法国人”。自然，这里面也少不了勒鲁瓦的功劳。

教练的榜样

1944年初，盟军登陆前的最后几个月，法国境内的抵抗组织需要进行军事训练，以便迎接盟军的到来并配合盟军作战。勒鲁瓦接到通知，他的队伍将要接受严格的正规军训练，在必要的时候需要拿起武器与德军血战，以保卫重要的交通要道、公用设施、物资仓库等战略要点。

一天夜里，勒鲁瓦站在海边附近丛林之中的一块草地上仰望着苍穹。凌晨2点，空中传来飞机的轰鸣，他立刻点燃一堆篝火，像是等待着什么。不一会，一个降落伞落在草地上，勒鲁瓦跑上前去，拉起降落伞。一位身材高大的人出现在他的面前，勒鲁瓦正欲开口，来人却抢先一步，用地道的法语说：“我是你们的军事教官，我叫勒布朗。”

自从来了勒布朗，布列塔尼地下支队的生存和活动能力大大增强了，顿时军威大振。勒布朗教队员们如何使用最新式的武器。他制造的塑料炸弹，仅用几两炸药就具有巨大的杀伤力，能将一辆装甲车的履带炸到天上去。看着勒布朗从容不迫。漫不经心的把左轮手枪拆了又装、装了又拆，队员们简直佩服得五体投地。勒布朗的搏击术也很厉害，三个强壮的队员与他搏斗，几秒钟都被干净利落的制服。

使勒鲁瓦吃惊的是，教官那有板有眼、细致准确的动作，高度的组织观念以及严肃认真的态度令众人信服。相比之下，勒鲁瓦他们迄今为止所掌握的技能简直是小儿科了。勒鲁瓦生平第一次遇上了一位行家里手。他现在才明白，过去他们的所作所为都属于老式和过时的战争范畴，而勒布朗却代表着投身“影子战争”的新一代，他所使用的方法既适用于当前的战争，也适用于未来的秘密战争。勒鲁瓦如饥似渴地学习着，和教官结下了深厚的友谊。几个星期后的一天，教官对勒鲁瓦说：“我今天必须走了，我已接到新的任务。”如同来时一样，这位间谍专家神秘地消失了。

“二战”胜利后，勒鲁瓦才知道，教官的真名叫罗斯柴尔德，是加拿大法裔，曾在巴黎学习，是一名职业特工。20年后，当勒鲁瓦因为“本·巴尔卡一案”受牵连被审查时，当一位心理学家问勒鲁瓦为什么要投身间谍活动时，勒鲁瓦毫不迟疑地回答：“是受了勒布朗的影响。”这位心理学家惊讶不已，还以为他是在开玩笑。其实，这是实话。勒布朗唤起了勒鲁瓦对间谍工作和谍报活动的兴趣，使他从那一刻起深深地爱上了这一行。

战后被征召

盟军诺曼底登陆成功后，法

即将放下武器的法国抵抗组织成员

国的大地上展开了空前的大厮杀，战争的高潮就要来临。勒鲁瓦和他的战友们都已各就各位，准备用行动谱写自己的历史。一条条无形的纽带把他们的命运连接在一起。从这时起，勒鲁瓦和他的队友们浴血奋战，破坏敌人的运输线，袭击敌人的发电厂，协助夺取重要的桥梁等，甚至不惜献出自己的生命。勒鲁瓦视风险如草芥，事必躬亲、身先士卒，与大家同甘苦、共患难。即使他担任的职务可以使他超脱出来，他也恪守上述行动原则。

1945年5月，勒鲁瓦穿着法美联合别动队的军装，在布弗隆附近的一片开阔地接受德军的投降。战争结束了！多少年来，勒鲁瓦和他的伙伴们从事地下工作，出生入死、历尽艰险；为了捍卫神圣的事业，他们不惜冲锋陷阵，不惜充当视死如归的“敢死队”。现在，一切归于平静，他们不再是军人。既然战争结束了，他们就要交出武器，重回老百姓的身份，恢复从前那种朝起而作、日落而休的生活。

失望、空虚、寂寞、失去生命的意义……所有的荣誉都随着战争的结束远去了，和队友们一样，勒鲁瓦也陷入了战后的痛苦之中。这种感觉也许就和美国将军巴顿的体会一样吧！

正当他们彷徨的时刻，怂恿和诱惑的能手马里埃纳又出现了。过去，是他把勒鲁瓦从一个“地头蛇”培养成为一名遵守纪律的抵抗战士。在他的启发之下，勒鲁瓦心甘情愿地在“一台

戴高乐总统

完整的大型机器”中充当“一个齿轮”。如今，他曾经的老上司又向他发出了召唤：“脱离那个管吃管喝的部门，到巴黎来找我吧！我会给你安排一个有意思的工作，你来了就不会后悔，我会让你今后活的更有意义。”

“二战”结束后，两大阵营开始对立，秘密战线的斗争日益激烈。马里埃纳奉命组建全新的间谍机构，他需要采用新的形式把抵抗运动和秘密战争继续下去，但是他感到力不从心，就想到了以前的得力下属勒鲁瓦。仍然当一名间谍，这就是他的上司向他推荐的有意思的工作。

经过各项考核，勒鲁瓦被录用了。不久，阿迈尔也前来相会，紧接着，布列塔尼支队的其他队员也陆续到来了。大家都很开心，又能从事紧张又刺激的工作了，这无疑给每一个人的生命又赋予了新的意义。

在人生道路上，勒鲁瓦又毅然迈出了新的一步，作出了投身间谍生涯的抉择。“我真喜欢这项工作，它代表我的理想。我的希望，我一直梦想成为一名英勇的狩猎战士，在自己的人生乐谱中添加几篇悦耳的乐章。”勒鲁瓦自豪地说。

贵人相助

法国国外情报和反间谍局的建立从一开始就陷入政府派别的斗争。戴高乐是最有威望的一派，然而其他的派系也不容小看，甚至维希政府的旧职要人也摇身一变，成为新政府的高官，这就导致权利和利益的纷争空前激烈。他们为争夺领导权而发生愤怒的争吵。最后，各方都妥协让步，尽最大可能达成一致意见。不管怎样，国外情报和反间谍局终于成立，它的主要职责是负责侦察来自国外的威胁，收集外国情报。勒鲁瓦在这新组建的机构里任组织处副处长的职务。正因为有这样的混乱开局，也就注定了日后的悲剧，毕竟这个机构中所代表的利益群体太复杂了。

1951年元旦，新局长皮埃尔·布尔西科走马上任，他神气活现地出现在宽敞的局长办公室里。他身材壮实，脸庞光滑红润。他是一个态度严峻的官员，起初是在税务部门工作，是一个坚定的工会领袖，一个有号召力的好斗的人。他在担任国家保安总局局长和马赛特别警察局局长期间，曾有力地打击了马赛地区盗匪集团的活动，这使他赢得了很高的声望。他的权力很大，可以这样说，除了军队里的那些将领和政界高官之外，他完全不

把任何人放在眼里。

新官上任三把火，他上任的第一天就召见了各处的处长和副处长前来开会。处长和副处长们在大会议室里排成三行，等待着新局长的到来。踌躇满志的新局长出现在大会议室里，显得温和和充满自信，大家都热烈地鼓掌，布尔西科从第一排开始一一握手。

突然，他看到了站在第二排的勒鲁瓦，于是停下脚步，望着勒鲁瓦说："我在哪里见过你，噢，想起来了，我们在克拉马斯顿频耐琴街的别墅里见过面！"勒鲁瓦点了点头说："是的，局长，那是在1944年4月份的事情。"那是在一次抵抗运动各特工组织负责人会议上。布尔西科始终坐在会议主持人的身边，很引人注目。当时他的身材就很壮实，现在一点也没变。勒鲁瓦曾在那次会议上发言，得到与会代表的一致认可。7年过去了，勒鲁瓦一点都没变，仍就像冬天的狼那样，眼光冷峻，精瘦干练。实际上，在那次会议结束之后，他们就再也没有见过面。

布尔西科高兴地拨开第一排军官，地走到勒鲁瓦身边。他张开双臂拥抱勒鲁瓦，并情不自禁地用"你"来称呼他。他对勒鲁瓦说："伙计，见到你真高兴！那一次会议上的人活下来的可不多了，你在这里干什么工作？噢，还是以后把你的情况告诉我吧，反正我们有的是见面机会。几年不见，我们都快成老头了。哈哈。"

这一不同寻常的重逢场面使

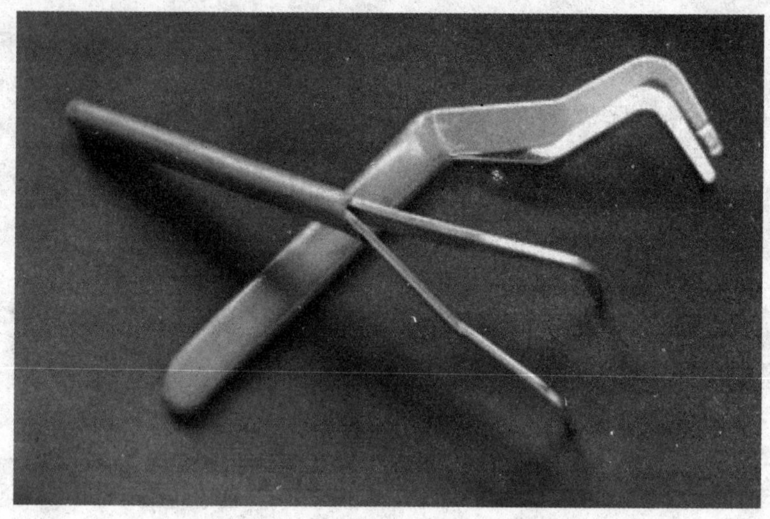

间谍用的开锁工具

在场的这些军功卓越的军官们万分惊愕，从来还没有见到过一个局长如此热情地拥抱一名30来岁的副处长的。见面仪式立刻充满了温馨的气氛，局长随后和下属的距离也拉近了，热热闹闹地完成了第一次会议。

那个周末，勒鲁瓦陪同新局长一起到附近的乡村钓鱼。如果不是布尔西科来当局长的话，勒鲁瓦的第七处可能永远建立不起来，而且他也肯定不会在国外情报和反间谍局里占据那么重要的位置。机构里的人开始对勒鲁瓦刮目相看，开始注意起他的工作。毫无疑问，从那天起，勒鲁瓦走运了。

布尔西科对现代化系统的间谍活动的作用深信不疑。他很快就同意了勒鲁瓦建立自己一套独特班子的计划。他说"你不知道哪个工厂能贡献出更多的税收，不过我们可以认真地调查一下，去做吧，我等着你的好消息。"

这样，在新局长的支持下，使用现代技术和秘密手段获取对方机密文件的第七处成立了，勒鲁瓦任处长。第七处的真正名称为"秘密行动分局"，它的职责是使用现代技术和秘密手段来获取对方机密。它隶属于法国国外情报及反间谍局，搞到的国内外情报竟占全局的90%，而且全是原件。由于第七处的卓越成绩，勒鲁瓦开始被西方谍报界誉为"间谍大师"。

勒鲁瓦从布列塔尼开始，用了两年的功夫建立起一个遍及全法国的秘密情报网。他开始招聘人手，除布列塔尼的一些战友外，还吸收了不少杰出的青年。他办起了真正的学校和专门的培训班，传授秘密获取情报的技艺。他对所有的成员，从撬保险柜到截取外交邮件、从跟踪术到投特效毒药、从强健体魄到顽强毅力都一一进行培训。通过训练后，他们都成了出类拔萃的间谍，当然也都各有所长。在他的队员中有各种各样的人物：有出色的保险柜专家，有高明的伪造能手，有杀人如麻的职业杀手，也有伟大的天才发明家。

窥探者的游戏

勒鲁瓦的技师们曾发明过一种叫“窥探器”的新式工具，用它可以在很短的时间内取到锁内簧片和卡糟刻下的痕迹，然后制造出钥匙。这是一种空心管，上面插满了钢针，使用时可以朝各个方向推动，看起来仿佛是一个奇形怪状的插满毛衣针的小毛线团。使用时先将空心管插进锁孔，慢慢地转动，然后将卡住锁内两个横杆的四个簧片的部位逐个弄清楚。

窥探器在锁孔里转动时没有声音，碰到簧片时，勉强可以听到一种金属的响声。借助于一种非常灵敏的听诊器，这种响声可以非常清楚地辨别出来。听到这种响声时，说明已过簧片的位置，所以还要像专家那样巧妙地将窥探器慢慢往回转。重新找到发出响声的地方，直到准确地找到簧片的位置为止。这时便将窥探器停在簧片的位置上，把窥探器上牙签粗细的一根钢针往里推，很准确地卡在簧片上，用螺丝固定好。然后，再转动空心管寻找另外的三个簧片，每找到一个簧片的位置，就用同样的方法固定下来。等四根钢丝针都在簧片上固定好以后，只要转动空心管就行了，锁内横头被打开，保险柜门就开了。

这样，空心管子就成了一把钥匙，而且是一把很好的钥匙。因为最后还可以用它锁住保险柜而不会留下任何机械造成的痕迹。更妙的是，回到锁工房后，就可以根据窥探器上钢针的位置配制一把真正的钥匙，以后再开这个保险柜就不用摸索了。

勒鲁瓦给这些使用窥探器的人起了个很形象的名字，叫做管子工。没过多久，他们的实验室就用这种方法配制了外国使馆和外国机构的钥匙50多把。事情看起来很简单，实际做起来很难。它需要灵活、老炼和沉着。撬保险柜同拆封信件、跟踪术及其他技术一样，都需要通过专门的学习和培训，只有老手才能干得了。

第七处的活动范围是在所谓的边界地区，即外国人投宿、商谈、生活、居住或过境的地方。大使馆就是他们在边界地区经常注意的目标，他们总想潜入大使馆，窃取里面的信件、电码和秘密。在边界地区里，也有巴黎和外省那些豪华的宾馆饭店，外国贵宾、政治家、科学家、工业家和工会工作者都在那里下榻。当然还有一些人，在他们的手提箱和公文包里，或者在他们自己身上，就有法国政府感兴趣的秘密。后来，他们的边界地区还扩大到国际民用航空线和国外民航机场。他们的足迹遍及巴黎、柏林、莫斯科乃至整个欧洲。

豪华的欧洲东方快车

勒鲁瓦以自己独特的方式朴实无华地工作。他说：“我是搞情报的，唯有搞到的情报真实可靠，最终能成为法国当局所能依据的确切资料，我才具有价值。”为了搞到情报，他以自己的特有方式四处搜寻，往往都能得手。

一次，在西柏林出差期间，勒鲁瓦了解到在民主德国的各个政府部门、机关，军营、警察局等单位，由于经费紧张，厕所里不提供免费“手纸”，于是民主德国的部长、将军、军官、高级要员就拿正式报告和文件的副本当手纸用。副本纸轻薄适度、略带光泽，用过之后即被水冲进便池坑内。因此，勒鲁瓦交给手下人的任务，就是要确定粪便最终排往何处，然后，派特工小组在那里捞取这成千上万张污纸团，把它们装进一个特制的小口袋，再按照严格的规定时间，通过一套当时不为人知的运输方式运往法国。

那些手纸经过洗净，字迹完全可以辨认，从而使他们得以复制出民主德国的重要文献。当时，任何其他盟国的谍报组织都无法打入极其封闭的民主德国政府机关，而勒鲁瓦不用进入警备森严的单位就可以“开发”这一意想不到的“宝库”。当他最后因为被审查披露这一搜集情报的方法时，他的西方同行都惊叹不已。

目标对准苏联人

得到了民主德国的情报，勒鲁瓦并不满足，他又将目光投向了苏联，他想直接对苏联外交邮件开刀。他的想法无疑是发疯，因为在世界各国中，苏联克格勃的高深莫测是众所周知的，他们的邮件也是防范最严的。苏联人为把他们的信件和报告安全送回国内，设想了一套极其简单然而非常有效的办法来保密。

每天，两名苏联信使乘东方快车离开巴黎。著名的东方快车经过斯特拉斯堡、斯图加特、慕尼黑和维也纳，驶向巴尔干，直达瓦尔纳和伊斯坦布尔。苏联信使都是些行家里手，是久经锻炼的身手非凡的特工，能够应付公开的或隐蔽的各种形式的进攻。

在巴黎东站一上车，两个苏联人就把自己锁在车厢包房里，车窗一直拉着窗帘。他们饿了就吃鸡蛋和三明治，渴了就喝自带的水。因为包房里有厕所，所以这两个人从不离开房间。列车在沿途各站停靠时，别的苏联人登上这节高档次的车厢，按照规定的暗号敲门。信使把门打开，收下信件后，又立即把自己紧锁在里面。这种收取信件的办法一直到布加勒斯特才结束，然后从那儿再把全部信件装上飞机运往莫斯科。

怎样使这两个护送信件的彪形大汉失去抵抗能力，从而得到他们携带的文件呢？把他们杀死或者打昏显然是简便的办法。但对勒鲁瓦来说，这种办法是禁止采用的，因为按照惯例，他们必须绝对谨慎从事，绝对不能使用暴力，以免造成任何外交事件，而且应当尽可能地不要留下丝毫的破坏痕迹。总之，人们要求他们的，确切地说就是要有偷天换地那样的本领。

渐渐地，一项颇具迷惑力的简单计划在勒鲁瓦的头脑里形成了。首先，要订下东方快车上与苏联信使紧邻的包房，使他们在整个旅途中跟他们仅有一板之隔。这样，他们就可以“现场作业”了。然后，趁列车通过巴伐利亚州与奥地利之间一条长长的隧道时，用一架小型钻孔机在隔板上钻一个小孔。小钻孔机的响声将被火车进入隧道后的巨大声响所掩没。接着，把一个注射器插进钻好的小孔里，向苏联信使的房间喷射麻醉剂。一旦两位彪形大汉陷入沉睡之中，他们就可以行动了。打开信使包房的门，这对他们来说简直易如反掌。如今，他们已经成为懂得打开最难开的锁的艺术大师。

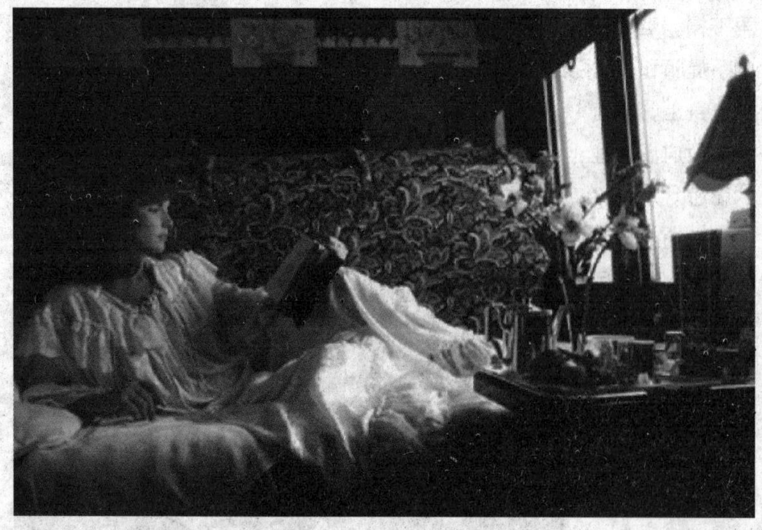

东方快车的豪华包厢

勒鲁瓦计算着，从德奥边界到维也纳，火车大约要运行30分钟。在这段路程内，用缩微法拍摄大部分文件，合上公文包，离开房间并拴好板门，看来时间是足够的。当苏联人从沉睡中苏醒过来时，他们对自己的昏然入睡可能会感到吃惊，甚至疑团满腹。但是，他们由于对自己未能自始至终保持警惕感到羞愧，并且害怕受到处分，因而可能不敢向上级汇报他们的奇怪遭遇。再说，他们带回的信件完整无损，

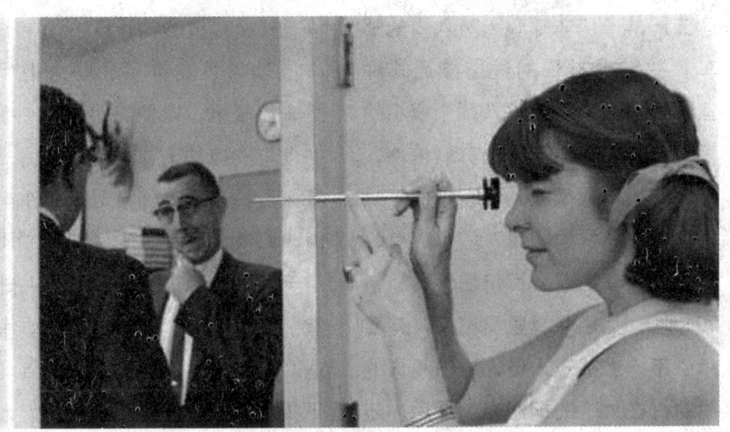

钻孔是间谍常用的偷窥手法

又何必自找麻烦……在这种情况下，勒鲁瓦他们就可以继续干下去。

千虑一失

勒鲁瓦对行动全过程的每一秒钟都进行了研究。为了做到万无一失，他们还在几种车厢的隔板墙上连续进行钻孔试验。

他们的小钻孔机用起来得心应手，打开一节卧铺车厢内各个房间的门也没什么奥秘可 言。现在剩下的只有一个问题：需要配制一种相当厉害的麻醉剂，用以解除苏联人的反射功能和运动中枢的机能，让他们立即陷入持久的酣睡之中。不仅如此，他们需要的麻醉剂还必须具有极强的挥发性，喷射后能立即扩散消失，当他们的特工人员进入苏联人房间时自己不致受它影响。很快，他们试制出一种理想的麻醉剂。药剂真是“太好了”，好到勒鲁瓦自己很快就体验到了这一点。

因为是首次行动，勒鲁瓦在苏联人隔壁的包厢里安顿下来，当然，他的得力助手，手下“管子工”的头儿、精力充沛的阿迈尔也参加了这次“远征”，同时还破例地带着一位贵客，这就是国外情报和反间谍局的精神病权威莫拉里博士。长久以来，好奇的莫拉里博士希望能亲自目睹第七处的行动，以便直接研究人被化学制剂制服以后的反应。对他来说，除了学术方面的兴趣以外，还有一种快感。像他这样的科学家无不为“亲临险境一睹为快”的心情所驱使。可是，完全出乎意外，莫拉里博士首次“观光”，就大吃苦头。之所以答应莫拉里去现场观光，是因为勒鲁瓦觉得这次战斗不会有危险。平时，他总是拒绝第七处以外的任何人参加他们的行动。这一回，莫拉里再三要求，局领导也点了头，他只好让步。他心想：“好吧，就让他去散散心吧！”

东方快车带着隆隆巨响驶进了预定采取行动的隧道。勒鲁瓦钻透隔板，然后接过阿迈尔递过来的注射器，开始喷射麻醉剂。他们等了一小会儿，为的是让药性发挥作用并挥发掉。下一步打开苏联信使包房的门！

奇怪！一种难以忍受的麻木感向他们袭来。勒鲁瓦使劲抖动似乎就要僵化的四肢。莫拉里也神色异常，他看着勒鲁瓦，吃力地说：“怎么搞的？我觉得头重脚轻！”阿迈尔也难以支撑，他竭力控制自己不合上眼。

勒鲁瓦跳了起来，低吼一声：“毒气！”阿迈尔凭着一股超人的劲头，终于打开了车窗。但是，火车还没有驶出遂道，一股巨大的气流冲进他们的房间，火车烟囱冒出的浓烟呛得他们直咳嗽。他们三人瘫倒在地，头晕脑胀，根本不可能采取预定的行动了。

当勒鲁瓦清醒过来以后，开始怀疑是不是中了苏联人的圈套！

事后才查明，原来岔子出在那节车厢上，苏联人和勒鲁瓦他们之间的隔板不是 层，而是双层。各个包房之间的隔板颇为特殊，结构呈“U”形，两层隔板之间是空的。因此，他们的钻孔机只钻透了他们这边的隔板，没有触及另一

手提公文包改装的间谍照相机

层，无形中保护了苏联人包厢。

那一管麻醉剂，勒鲁瓦并未能把它喷射到隔壁房间，而只是喷进了中间的夹心层。麻醉剂挥发极其迅速，很快就充满了夹心层，然后由钻透的小孔向他们这边冒出来。他们终于明白，这节车厢与他们用作反复模拟行动训练的那些车厢样式不同。可惜，现在才发现，已经太晚了，这一次行动彻底失败。

潜入邮政车厢

那次险情过后，实验室曾建议为勒鲁瓦制造一架钻杆更长的钻孔机，可以钻透两层隔板，再配上一个合适的注射器。但是，他没有心思再进行这种不祥的尝试。

"我不能为一时的失败所羁绊，而必须另有作为，从别的方面去下手。"勒鲁瓦说。但从哪一方面下手呢？苏联人厉害得很，料事如神。不过，在他们的安排中，总会有空子可钻。勒鲁瓦发现，苏联人的信件并非全部由身强力壮的信使带回，有一部分是通过邮局寄出的，由巴黎-莫斯科的夜班火车运走。

勒鲁瓦让人绘制了一张列车邮政车厢的平面图。车厢门口是信件分拣室，在旅途中完成分拣工作。紧挨着分拣室的是邮车主任的小小办公室，苏联人的邮包和邮件，堆放在过道尽头的小隔间里。小隔间的门在火车开动后即被铅封关闭，沿途不再打开，到达目的地以后才将邮包和邮件卸下车。

问题在于：如何悄悄地进入这节严禁一切非邮政人员入内的邮车，并穿越长长的过道接近邮件室？如何取掉铅封进入那个窄小的隔间，开启封得牢牢的苏联信件，把内容拍入缩微胶卷，再把信件封好，盖上同样的印章？困难还有，要按此步骤处理数百份信件、邮包和邮件，然后从屋里溜出来，还要小心不撞上邮政人员，再把同样的铅封打在封门的钢丝上。最后，还应该神不知鬼不觉地离开邮车。这真是一个棘手的问题！

诚然，搞到邮政机关使用的钢丝是容易的，制造一把能够钳断一切封门铅条的特殊老虎钳也不难。但是，火车的颠簸就是一个问题，勒鲁瓦手下的特工人员无法象在工作间的桌子上干活那样顺手。邮包室在车厢的末端，恰好位于火车的转向架上面，因此，当特工人员在启封信件而又不能留下痕迹的关键时刻，将会遇到摇晃、颠簸的麻烦。通过反反复复的练习，勒鲁瓦明白摇晃是无法避免的，应该设法为实地操作的特工人员提供一块稳定的地方。

勒鲁瓦为每个人配备一个小托盘，用带子固定在他们的特制服装上，就像个随身携带的小小工作台一样。勒鲁瓦负责全局，他派阿迈尔负责列车上的具体行动。

几个星期以来，他们观察了邮车工作人员的生活习惯，记下了工作人员来来往往和吃饭睡觉的时间。他们掌握了什么时间邮车里没人，什么时间邮政人员回来继续分拣信件。他们对可以从容作业的时间，作了最精确的计算。

勒鲁瓦安排了一些人潜伏在列车上望风，以便随时提供支援。在他们的掩护下，阿迈尔和另一特工人员按预定时间接近了邮车。这时，邮政人员都去吃饭了，车厢内空无一人。俩人直奔目标——邮车室。阿迈尔像往常一样，动作迅速，情绪高涨。俩人没有受到任何干扰就完成了任务。他们封好最后一个邮包，带着装有微型照相机和全部胶卷的手提公文箱走出了小隔间。

俩人仔细地把门关好，重新接好为保护邮件室而安置的钢丝。他们用钳子压扣上新的铅封，完全做成原来的样子。阿迈尔把钳子放进衣袋。他们最后检查了一遍全部铅封，看看是否妥当。然后，他们转过身来准备走开，没想到却与突然提前回来的邮车主任撞了个面对面。

邮车主任惊讶地说："你们来这儿干什么？你们是什么人？"

阿迈尔亲热地挽住他的胳膊，竭力蒙骗他："我们来这里执行一项特殊的巡查任务。有人报告车上失盗，我们正在采取防备措施。"

"你们瞎说些什么呀？"邮车主任一边说一边挣脱阿迈尔，"据我所知，从未发生过什么盗窃事件。只要看看铅封就……"他猛地推开两个特工人员，俯身察看小隔间门上的铅封，然后胜利地直起身来说："来，你们看看，铅封完好无损嘛！"

"是，是，我们看到了！"

令法国航空界分外眼红的苏制图-104飞机

阿迈尔答应着，心里一块石头落了地。

两位特工人员真侥幸！只要邮车主任早来几秒钟，就会发现他们俩人正在重新拴门呢！但即使现在，主任也表现出明显的怀疑，对于这一次未预先通知他的巡查感到惊讶，因为无论如何，主任在邮车上就像船长在船上一样，是除了上帝以外主宰一切的人物！

阿迈尔平心静气地让邮车主任懂得，把他们来过这里的事声张出去对他没有一点儿好处："我们是奉命而来，对这件事你要保守秘密。否则，等你回到巴黎，我们的头头会找你算账的！"

勒鲁瓦的演技

听见阿迈尔的汇报，勒鲁瓦认为有必要采取措施，防患于未然。他们要好好"关照"一下那位邮差头头。

巴黎东站派出所所长科隆巴尼与勒鲁瓦的关系很好，好久以来他就想调到奥利机场去，为此曾找过勒鲁瓦为他走后门。若勒鲁瓦向他提个要求，他是不会拒绝的。但是，勒鲁瓦认为不好对他说明自己的意图，因此，他决定去找所长的上司、航空警察和边防警察的局长、勒鲁瓦的老朋友布库瓦朗。

他对老朋友说："是这样的，我需要借用一下你的东站派出所。得把它让给我一段时间。"老朋友迅速而知趣地回答说："悉听尊命，我并不想知道为什么！"

局长亲自打电话给科隆巴尼："方便一下，把你的派出所让给老朋友菲维尔用用！"

当列车从莫斯科返回进入车站的时候，派出所的原班人马已经腾出了他们的办公室，代替他们充当车站警察的是第七处的人。列车一停稳，阿迈尔就登上邮车车厢，直接去见邮车主任。

主任一看见阿迈尔。不由倒退了两步："还要我干什么呀？"

"去车站派出所。我的上司要见见你，好消除一切误会？"

邮车主任显出不高兴的样子，嘟嘟囔囔地说："我得先办完回来的全部手续呀！"

阿迈尔说："那就办吧，我陪你。"

阿迈尔寸步不离地跟着这个"宝贝"，最后把他带到了派出所。他们演了一场戏，给这位邮差留下了难忘的印像。

阿迈尔带着主任一进门，就有人对阿迈尔大声说："你好，检查员，今儿你又带什么来了？"

"没什么。头头要见见这个人！"阿迈尔说。

他敲了一下一扇装有玻璃的门，毕恭毕敬地等待勒鲁瓦响亮的问话："什么事？"然后，阿迈尔伸进头来报告："所长先生，邮车负责人来了！"

勒鲁瓦悠然自得地坐在科隆巴尼所长的扶手椅上接待来客。邮车主任心理猜测究竟发生了什么事。

勒鲁瓦对主任说："我召你立即到这里来，为的是同你谈谈我们在列车上进行检查的问题。放心吧，我们什么也没有发现，看来你的判断是对的。不过……"说到这里，勒鲁瓦把身体俯向前面，用一种最知己的口吻说："不过今后，我们将采取更加全面的监护措施。请别生气，你在每趟车的旅途中都将受到检查，而且常常在背着你的情况下进行……"邮差更加惊讶了，始终不明白他们要干什么。他咕咕哝哝地说："我对你们有什么用呀？"

这时，勒鲁瓦目光阴沉。声音威严，狠狠地敲打他说："这与你关系重大！我要你对这件事守口如瓶，从今以后，你与国防机密连在一起了。只要你稍加透露，就得承担责任！”

主任吓疯了，连声说：“不，不，我什么也不说，请相信我，所长先生！”

不过，勒鲁瓦只放心了一半。在以后的几个月里，他派人监视他：跟踪他的行动，偷听他的谈话，检查他的信件。果然，他言而有信，一次也没有对别人谈起过他的奇怪遭遇。

事后，科隆巴尼调到了奥利机场，他兴高采烈。然而每次和勒鲁瓦碰面的时候，他总禁不住用一种诡异神情盯着勒鲁瓦问道：“亲爱的菲维尔，告诉我，那天你在我的派出所到底搞了什么名堂？”每一次，勒鲁瓦都支支吾吾搪塞过去，原因很简单，他不能对他说明真相。

拆解图式喷气发动机

从20世纪50年代初开始，苏联的航空技术便十分发达，居于世界领先水平。尤其是它的喷气式发动机技术更让西方各国垂涎三尺，只因苏联保密甚严而无从下手。勒鲁瓦决定“虎口拔牙”，帮助航空研究部门揭开喷气式发动机的神秘面纱。

法国是当时西方唯一同苏联保持直航关系的国家，莫斯科和东欧国家的飞机都降落在巴黎的布尔歇机场，苏联人还在机场设有自己的库房，存放补给品或从飞机上拆下的故障零件。第七处的特工们很快就复制了库房的钥匙，许多谍报

苏联的弹道导弹

人员还打入到机场各机构。他们搞到了大量飞机零部件，源源不断送到了法国航空研究部门。经初步研究，最关键的乃是要得到图式喷气发动机。然而一台发动机便有几吨重，而且是牢牢固定在图－104飞机机翼下的一个核心部件，这个难度与搞到一般的零部件不可同日而语。

机会终于出现，有一架图-104飞机在布尔歇机场出了故障，恰好是一台喷气发动机坏了。但精明的苏联人宁肯用运输机调来一个机械小组，也不让法国技术人员插手。意外的是，运输机返航时并没有带走损坏的发动机，而修好的图-104飞机也没有带走。就在勒鲁瓦准备行动时，苏联人却临时改变主意，要用火车把有故障的发动机马上运走。眼下他们正在寻找一家搬运公司，他们自己也没办法把那个大家伙运到火车站。

这是勒鲁瓦唯一的机会了。第七处迅速成立了一家“国际运输公司”，他们为此提供了极低的运价，这让其他公司无法竞争，而打入苏联民用航空公司的法国特工也帮着说好话，苏联人果然上了当。

第七处在行动之前进行了实地演练。除了测定全程所需的时间，他们还熟记了每一处红绿灯、十字路口和拐弯处，并都布置了特工人员，从而在必要时进行协助。车队由一辆配有无线电话的雷诺轿车在卡车前面开路，而另一辆也配有无线电话的DS牌小汽车则负责断后。

两天之后，早已演练了多少回的“国际运输公司”准时到机场正式开工。可苏联人不仅在机场密切监视，居然还派了2名人员驱车尾随。法国人根本无从下手。山穷水尽的勒鲁瓦孤注一掷，他一面先让卡车慢慢减速，等到路口出现红灯的一刹那突然冲过去，一面又电话命令守候的特工拦住苏联人的汽车。就在苏联人企图闯灯抢行

之时，一辆破旧的小卡车从路边冲出，伴随着刺耳的刹车声和可怕的撞击声，第七处硬生生地制造了一起人为的交通事故。小卡车上的一对特工“夫妇”跳出小卡车和苏联人叫骂、扭打在一起，几个行人也上来凑热闹，场面混乱至极。

与此同时，装载了图式喷气发动机的大卡车却全速开往一处大仓库。早就等候在那的航空工程师和专家们很快就把这个庞然大物大卸八块，并分别拍照画图，紧张的3个小时一闪而过。在全部工作完成之后，法国特工们又迅速钉好箱子，并把原有的密封照原样加好，开车直奔货运站。

大约4个小时后，那两位可怜的苏联人交了罚款和医药费之后，才被允许离开警察局。他们连忙赶往货运站，看到货运司机光着膀子正和几个搬运工抽烟喝酒呢。在仔细地检查了密封之后，他们松了一口气，吩咐立即把发动机装上火车。

8天后，第七处收到国防部的感谢信，称赞特工人员为法国的航空工业赢得了十年时间。

在苏联上空偷拍

这个时候，法国与美国的关系正处于蜜月时期，两个国家好的几乎能穿一条裤子。美国人多次请求法国协助侦查苏联的导弹发射场。华盛顿当时还没有著名的U-2飞机，也没有可以对整个苏联领土实行分区监视的间谍卫星。关于苏联导弹基地的情况，美国人“一无所知”。当时，法国是唯一与苏联通航的西方国家。因此，美国人恳求第七处利用法国飞机飞越苏联国土的机会，把地面状况用摄像机拍摄下来。这就是说，勒鲁瓦必须把法国的某些民航飞行员变成名符其实的间谍。这是一件相当冒险的事情，因为苏联人对当场抓获的西方人是毫不客气的。

在作出最后的答复以前，勒鲁瓦希望从技术角度审视一下，看看是否可以冒险。对于飞越苏联领土的法国民航，苏联人划出了十分狭窄的空中走廊，并有强制性的约定。法国飞行员无权离开空中走廊，否则就要受到最严厉的惩罚。

于是，勒鲁瓦把法国飞机航行的空中走廊平面图交给美国人，并附了下面这个问题：“需要监测哪些区域？”为了使工作更有成效，将目标拍得更清晰，勒鲁瓦要求得到美国最先进的摄影器材和法国所没有的特殊彩色胶卷。他拿到摄影机后，立即乘一架飞机亲自进行了首次检验，从高空拍摄了一系列巴黎大平原的照片。

苏联战略导弹部队

一开始，就有一个具体问题使勒鲁瓦惊诧不已：他无法在他们局的实验室里冲洗胶卷，因为美国人没有向他提供冲洗这些感光度极高的胶片的显影剂。根据布尔西科和中央情报局达成的协议，胶卷拍好后应由首班飞机送住美国，在美国的洗印间里冲洗。作为交换条件，美国人保证向法国提供一整套完整的底片。

“想一想我国的飞行员将要冒的风险，我觉得美国伙伴们的态度不那么够朋友。”勒鲁瓦说。他是不喜欢完全受人摆布的。

勒鲁瓦有一位联络员，退役后专门生产摄影机。通过他的介绍，勒鲁瓦结识了柯达照相器材公司的几位可靠的朋友。他委托柯达公司最有经验的专家研究这一课题，并交给他们一些用美国胶卷拍摄的样品，他们答应努力研制合适的显影剂。

勒鲁瓦原指望一开始行动就能拿到这种显影剂，但是几个星期过去了，柯达公司专家们的研制工作却未取得任何进展，美国胶卷依然无法处理。在此期间，布尔西科却不断来催他：“怎么样，什么时候开始行动呀！”

勒鲁瓦老是回答“尚未准备就绪”，最后局长发火了：“别蒙老子！你那脑瓜里准有别的打算！”

这一回，勒鲁瓦明白支吾搪塞的伎俩不灵了。不管有没有显影剂，他必须开始行动。

通过巴黎–莫斯科航线法航经

前苏联导弹基地

理的关系，勒鲁瓦找到了一位可以信赖的机长，并向他交待了任务。勒鲁瓦所要求的事情要冒很大风险：驾驶员必须找到令人信服的借口，在某个时候偏离空中走廊，飞越美国人指定的目标。然而，众所周知，苏联人的脾气很不好，对于在他们领土上乱闯的西方飞机是不讲情面的，他们常常不发警告就进行射击。作为机长，哪怕是为了爱国去完成一项任务，也决不乐意拿与此无关的乘客的生命去冒险。可是，机长却说：“只要你认为这一行动对我们的国防至关重要，我就干！”

不过，把摄影机藏在什么地方呢？法国飞机每次抵达莫斯科，都要受到苏联秘密警察的检查。机长说：“有一个好地方。我们可以把摄影机装在备用电台里面，使人看不出来，不过，必须为此而拆下一部分设备，这部电台在飞行过程中就无法使用了。”

鉴于这是头一次，勒鲁瓦要求机长不要过分冒险，不要离开空中走廊：“这次是演习，只在指定的几个地方拍摄地形就可以了。”

在采取更进一步的行动以前，勒鲁瓦想检验一下机组人员的冷静程度，看一看空中小姐们的表现。他要求不要让她们了解秘密。机长说：“那好。每当我们开机拍摄的时候，就找个巧妙的借口让她们留在机舱后部。”

在整个飞行过程中，勒鲁瓦一直坚守在布尔歇机场的一间办公室里，面前挂着一张空中走廊的地图。在空中谍报专家的帮助下，勒鲁瓦一分钟一分钟地标出飞机航行的方位。“机上唯一的一部电台可千万不要出故障，否则就糟了。”勒鲁瓦心想，“飞机有两部电台，若都失灵，机长会怎么想呢？”

飞机一回到布尔歇机场，早已扮成机场职工的特工人员就在机组人员走下飞机的同时，马上登上飞机。他们的任务是立即收回摄像机，重新装好备用电台，因为这架飞机稍等片刻又将载着另一个机组起飞，必须避免让他们发现任何异常的迹象。

当今最先进的航拍直升飞机

胶片由首班飞往美国的飞机运走。三天以后，华盛顿向他们表示感谢和祝贺，布尔西科高兴得对着勒鲁瓦说：“好极了，美国人非常满意！”

勒鲁瓦并没有像局长那样兴高采烈。他问局长：“美国人是否发现了有价值的镜头？”布尔西科说：“我毫无所知，美国人仅仅问我们什么时候再来下一次！”

寻找导弹基地

就在完成任务的第二天，柯达公司的一位专家带着胜利的神情跑来对勒鲁瓦说：“好了！我们搞出了神奇的显影剂，这下行了！”勒鲁瓦立刻跑到航空基地，登机起飞，摇动着摄影机对巴黎周围地区猛拍一气，随后让柯达公司把胶片冲洗出来。显影结果良好，他嘴角挂着微笑，回来见布尔西科，对他说：“我随时准备采取第二次行动。”

勒鲁瓦突然变得如此肯于合作，布尔西科感到十分惊愕。但他什么也没有怀疑，只像慈父般地对勒鲁瓦说：“你看，你终于想通了，对吧？和美国人合作是总统亲自批准的，还有什么犹豫的呢？”

这一次，勒鲁瓦交给机长两架摄像机，并向他下达了新的命令：“别在航道上定点拍摄了，飞机一接近目标，你就果断越出走廊。你和副驾驶员用两驾机器同时拍摄。机械师守在驾驶舱门口负责瞭望。”

任务完成得非常顺利。他们一回来，勒鲁瓦就按照规定把两部相同胶片中的一部给美国人，自己留下了另一部，并送往柯达公司冲洗。原则上说，美国中央情况局根据以往的协议理应送给他们一套冲好的完整的底片。勒鲁瓦把这次从美国人那里得到的影片与自己冲洗的影片进行对照放映。勒鲁瓦发现美国人对影片进行了裁剪，最令人感兴趣的镜头没有了。对此，他并不十分惊奇，因为他多多少少料到他们是会来这一手。只是到了这个时候，他才向布尔西科局长公开了他的看法。局长开始时还有些怀疑："你真能断定缺了什么吗？"

"这不难核实，只要把两部片子对照放映一遍就是了！"

看完胶片后，布尔西科满脸通红，因受到愚弄而愤怒。他派人把美国同伴找来，向他们展示了两部胶片。中央情报局的负责人惊恐不安地一再道歉，保证下一次绝不再修改相片。

勒鲁瓦寸步不让，主动出击。他指出："再也不会有下一次了，今后全部胶片将由我负责在巴黎冲洗。"美国人有气无力地争辩着："但这需要一种专门技术，眼下只有我们才有呀！"勒鲁瓦回答说："不对，你们刚才已经见识到了，我们今后有能力自行处理你们的胶卷。那种显影剂不再是美国所垄断的了。"美国人竭力要挟，企图使勒鲁瓦屈服："你们这要承担很大的风险和责任，胶片会弄坏的！"

但是，布尔西科局长顶住了美国人的压力。要么按照勒鲁瓦说的办，要么散伙！他们要自己冲洗自己拍摄的东西，然后把结果提供给美国人。这一招使法国人不仅取得了技术上的独立，而且推动和发展了摄影方面的研究工作。

美国人最终让步了。他们之所以乐意答应，更主要的是因为从事这一危险而卑鄙勾当的不是他们的飞行员，而是法国的飞行员。每次出勤，机长都同意在冒险的道路上再升一级。有一次，机长佯称无线电罗盘失灵，让飞机偏离规定航线50公里之远。

这时，苏联的米格飞机出现了，它把法国飞机重又撵回空中走廊，并且迫降了法国的飞机。事态演变成一起严重的外交事件。莫斯科向法国外交部递交了一份措词激烈的抗议照会，要求惩办驾驶员，宣称如果再发生类似事件，米格飞机将奉命开火射击。

法国航空公司的领导接受了严惩罪犯的命令，吊销了机长的驾驶执照。面对机长的厄运，第七处甚至无法进行干预，因为披露出他执行谍报任务的高度爱国主义的动机，会造成更大的丑闻。况且，他们的解释不但救不了他，反而会连累他们在航空公司的所有内线。无论如何，他们的行动属于国防机密，他们只能默不作声。尽管遭受了严重打击，其他驾驶员仍然同意继续执行这种危险的使命。

秘密摄像机总共在苏联领空使用了100来次。成绩显著：5个完全新式的导弹基地，即玛格丽特导弹发射场连同其周围花瓣形的4个发射基地，都被辨认出来，标记在北大西洋公约组织的战略地图上。

在飞机上，第七处还安装了空气清滤器，可以分析苏联上空的大气层，发现从核试验基地飘来的散落物。这是一种探测苏联秘密核试验的方法。每当飞机一回到巴黎，第七处的特工人员就把空气清滤器加上铅封、印章，然后立即用美国军用飞机送往设在西德的一个特殊化验室。在这方面，美国人吸取了上次的教训，没有企图搞鬼，他们把全部结果及时通报给第七处。

渐渐有些失宠

勒鲁瓦在谍报活动中继续大显身手。他和他领导的第七处战果辉煌：成功地破坏了阿尔及利亚民族解放阵线购买军火的活动，有效地阻止了几内亚等法属殖民地非殖民化的进程，等等。勒鲁瓦和第七处在法国国外情报和反间谍局中已处于显赫的位置上，其势力越来越大，触须伸得越来越长了。

由于国内政坛各派系力量的变化，法国政治团体对国外情报和反间谍局的干涉越来越多，局内军人和文职人员的冲突也日趋激烈。国外情报和反间谍局已几易局长，第七处被安插了不少"新人"。勒鲁瓦和第七处已出现被限制和剥夺权力的迹象，渐渐有些失宠。

随着国家力量和国际形势的演变，法国和美国的关系已出现裂痕。戴高乐指责国外情报和反间谍局同美国的谍报机构勾得太紧，他认为法美情报机构之间的长期合作应该到此结束。勒鲁瓦也被怀疑为亲美分子，由于他的出色表现，许多人已把他视为肉中刺，他的上司就是这样考虑的："既然他那样有能力，不正好可以让他去执行针对美国人的任务吗？"

应当承认，让勒鲁瓦接受这项任务时，他的心情是很矛盾的："难道我应该对那些在战争后期曾和我并肩作战的人，对曾帮助我去执行解放使命的部队搞间谍活动吗？"明知这是一杯苦酒，他却不得不喝下去，因为这是他的职责。他必须服从法国政府，而不能有别的什么考虑。

"任务是这样的，"研究室主任博蒙对勒鲁瓦说，"我们要对美国海外军事基地留意一下，准备对法兰克福附近的美国军营采取一项重大行动。我们本来可以让那些由我们常驻法兰克福的情报人员控制的德国间谍来干，但事情一旦败露，这种作法会在外交上招致极其严重的麻烦。于是我就想到了你，因为我们必须做到万无一失……"通常，在采取这类重大行动前，局长本来都要召开一个小范围的会议进行讨论研究，有关处还要在会上发表意见，提出建议。可是，这次行动却只在博蒙和他之间进行讨论，这是前所未有的。

开始时，博蒙没有向他明确说明任务的性质。"这只是为了谨慎起见？还是想要考验我，看我是否会把计划透露给美国人呢？"勒鲁瓦疑惑着。

不管怎么说，从1965年4月起，博蒙开始象挤牙膏似的一点一点地告诉勒鲁瓦某些有关情况：军营的规模、营房的位置、驻扎在那

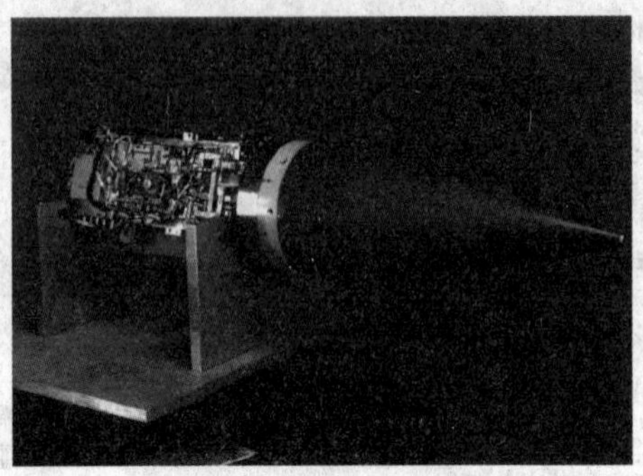

核弹头内部结构

里的部队人数、军营的保护措施和警戒系统等。 这个军营是美国在西德的主要军事基地之一。所有入口处都有宪兵把守，因此只能从别处潜入，也就是说，只能从军营四周的栅栏或铁丝网的某处钻进去。

勒鲁瓦研究了类似的栅栏和铁丝网，并做了试验，从而找到了理想的解决办法：在栅栏上开一个对角线的口子，这比打开一个垂直的口子难以察觉。夜间，可以在尽可能远离哨兵和探照灯的地方剪出一个三角形的口子。白天，用肉眼是发现不了这个切口的。待到采取行动的时候，只需轻轻推动栅栏，就可以开出一个入口。

"但我必须了解要弄出来的那件东西的体积和重量。以便研究用什么车子来运。"勒鲁瓦对博蒙说。博蒙的态度依然那样神秘，他指了指办公室的一个卡片箱说道："差不多就那么大，估计有50公斤。"

"他根本不提那件东西究竟是什么。他的葫芦里到底卖的是什么药呢？"勒鲁瓦心里纳闷。他曾设想骑自行车潜入军营，因为自行车不会发出响声、也是不易被发觉的运输工具。但是，用自行车来运送这么重的东西是不可能的。用小汽车吧，这在一个设有巡逻哨的军营里肯定是太显眼了，他们很快就会被发现并受到追踪。最后想到一个好办法："用摩托车。"这个问题一下子就解决了。

在他的班子中，只有一个人能胜任用摩托车运输的任务，这就是雷蒙·阿迈尔。他不但是一个溜门撬锁的能手，而且摩托车骑得很漂亮。这个老伙伴办事极为能干，所以外交部把他从第七处"借"走了。几年来，阿迈尔率领着他的安全小组走遍法国驻外使馆。这位超级"管子工"熟谙侦探、窃听、偷开保险柜和外交邮袋的技术，因为他一切都亲自干过。没有任何人能象阿迈尔那样出色地保护法国大使馆不受间谍的侵犯。

勒鲁瓦对博蒙说："为了很好地完成你交给我的任务，我得把阿迈尔调回来。"

"没问题，"他回答说，"他将回到你的身边。"就这样，阿迈尔和勒鲁瓦再次合作，共同执行他们干这行以来所承担的最富有冒险性的使命。

窃取美国核弹头

博蒙终于透露了某些实情，勒鲁瓦才明白从法兰克福偷的东西竟然是——美国人的核弹头。在通常情况下，这些弹头都被锁在法兰克福基地中心的一座营房底层的一些非常坚固的仓库里。因此，从栅栏的缺口进去后，首先必须穿过到处

是美国军人、警卫以及吉普车日夜川流不息的营地。抵达仓库后，就要打开用秘码锁锁着的大门，然后进去撬开保险柜，偷出一个弹头。最后，再把仓库的门重新锁好，带着弹头向栅栏的缺口冲去。

“你看，”勒鲁瓦对阿迈尔说，“我在摩托车尾部给你安了一个特别的装置，可以承受70公斤，这就绰绰有余了。还装了一个扣钩，可以自动钩住放在车上的东西。不过，你还得防止这玩意儿翻落下来，谁知道到时会发生什么情况！”

“给多少时间跑完这段倒霉的路？”阿迈尔没好气地问。

“3分钟。”

“胡扯！”

“很遗憾，这是我精密计算的结果。”勒鲁瓦心平气和地回答说。他还打算安排一个小分队去掩护他。在阿迈尔到达现场前，小分队就得在那里等候。他们负责保护阿迈尔，必要时还要制服美国的哨兵。小分队由一些英语和德语讲得非常流利的小伙子组成。他们穿上军装后会被误认为美国兵。

勒鲁瓦在巴黎附近的奥利机场找到了一个旧军营，改造成与兰克福的美国军营一模一样。他们一遍又一遍地演习他们将在德国采取的行动。在第一次演习中，阿迈尔花了10分钟。他确实已是够敏捷的了。

从那一次起，他们每天都要进行几个小时的演习，1秒1秒地缩短行动时间。他们还努力压低摩托车发动机的声音。勒鲁瓦在每幢房子里都安排了人，让他们用秒表计算阿迈尔经过的时间，并将摩托车发动机发动以及加速和减速时的噪音分贝记录下来。每次试验后，勒鲁瓦和阿迈尔总是象准备参加大奖赛的摩托车运动员那样，对取得的进步仔细的研究。

与此同时，其他各组的成员也紧张训练，以便更好地协调行动。此外，为了实施这项极为危险的行动，勒鲁瓦只挑选一些布列塔尼人作助手，他感到自己仿佛又重新组织起了他曾领导过的抵抗运动。他这样做首先因为他们是老相识，是生死之交。而且还因为在情况严重时，他们之间可以用方言交谈，而窥视他们的人绝对听不懂他们的话。

每此训练，阿迈尔都会比上次缩短行动时间，从而赢得了珍贵的几秒钟。急不可待的博蒙每天都打电话在：“到什么程度了？6分钟！好，不过还要缩短！”

最后，他们把行动时间缩短为5分钟。这就是说，再经过几星期艰苦努力，他们就可以进行冒险了。但是，就在这个时候，任务却一下子被取消了。博蒙甚至没有设法去挽救他曾执意要执行的这个计划，阿迈尔则又回到外交部去了。不仅去法兰克福的使命被取消，而且连第七处也自身难保了。这是为什么呢？

本·巴尔卡事件爆发了！

原来突如其来的的一起绑架案终结了勒鲁瓦的政治生命，也终结了第七处的使命。

1965年10月29日中午，摩洛哥反对派领袖、人民力量全国联盟书记处书记本·巴尔卡在巴黎圣日尔曼林荫大道上被秘密绑架，然后在这个世界上神秘地消失了。他的死至今一直是个谜。本·巴尔卡在他领导的反政府运动失败以后被迫流亡国外，长期住在巴黎，从事国际政治活动。本·巴尔卡在法国受到戴高乐政府的保护，但他一到巴黎，就成了法国谍报机关的关注的对象。

勒鲁瓦的一位手下涉嫌与这起绑架有牵连。当勒鲁瓦和阿迈尔正紧张地准备法兰克福的计划时，这位自命不凡、野心勃勃的家伙曾闪烁其词地向勒鲁瓦透露过一点消息。为此，勒鲁瓦曾用书面报告向他的上司报告过两次，但这批官僚们竟未引起丝毫反应。

这起绑架事件震撼法国朝野，受到舆论的猛烈抨击，造成很坏的国际影响，使法国政府陷入十分难堪的境地。法国政府准备严惩造事者，勒鲁瓦首当其冲地成了替罪羊。他们开始对勒鲁瓦进行严密的监视，但考虑到他在第七处中的威望以及由此可能造成的一些非常的行动，最后把他投进了拉桑泰监狱，严格地监禁起来。

他们不是指控勒鲁瓦犯了罪、参与了绑架本·巴尔卡的活动，而是指控他虽然掌握了情报却没有及时向有关当局报告。他们声称，如果不是这样，这起事件本来是可以阻止的。

逃离克格勃的杀手

一走一过的瞬间，手指一动，一支带有发射栓的玻璃针便会撞破玻璃针管，一团气雾过后，一个鲜活的生命便会停止呼吸，悄然倒地。自从乌克兰独立运动的领袖西蒙·彼特鲁拉在巴黎街头被谋杀后，克格勃（苏联国家安全委员会）便开始使用这种杀人于无形的气雾武器进行暗杀活动，这也造就了一个亦正亦邪的克格勃杀手……

跟踪里贝特

1957年，进入夏季以来，慕尼黑的气温急剧升高。没有紧急的事情，大家都躲在房间里，很少上街。在街头拐角的一个咖啡厅里，有一个年轻人半靠在长椅上，他毛发干黄，身材消瘦，细长的腿显得他像一只孤零零的鸵鸟，但最惹人注目的还是他那双古怪的、闪烁不定、显出焦虑不安神色，几乎像一只受到惊吓的小狗的眼睛。

仔细观察他的行动或者和他正面接触，就可以看出，他实际上并不是一个受了惊吓的人。他显然是个善于自我克制的人，而且是个很精明的人，最为重要的，他是个适应性很强的人。的确如此，他需要有很强的适应性，否则，他无法完成他的使命。他叫博格丹·斯塔申斯基，乌克兰人，受雇于苏联情报部门，奉命监视流亡在西德的那些被认为是敌视苏联的乌克兰人。

当时，很多乌克兰人都认为自己不属于苏联，他们渴望自由、独立。在第二次世界大战中，斯大林几次置乌克兰于不顾，任由德军狂轰滥炸，就是不许乌克兰的军民突围或者撤离，也不派救兵。因此，有的乌克兰学者指出，斯大林这样做，是故意利用德国的

对此，勒鲁瓦据理反驳，但司法机关却以涉及国家机密为由不让他的律师对他上交的两份报告取证，也不让第七处的人出庭作证。

勒鲁瓦在拉桑泰监狱被囚禁了117天，经过一系列马拉松式的审理之后，最终被陪审团宣判无罪释放。就在勒鲁瓦受审的同时，他所经营的第七处也被彻底瓦解。

“这是一次事故，更是一次阴谋。不仅我被搞掉，而且我所经营的第七处也被瓦解，或许这才是他们真正的目的。”勒鲁瓦气愤地说。毫无疑问，勒鲁瓦成了这场灾难的牺牲品。

在勒鲁瓦被宣布无罪释放两天后，他买了一张去地中海海滨城市科达尔祖尔的飞机票，他手下的一位工作人员把自己在那里的一幢别墅让给了他。

勒鲁瓦决定远离间谍生涯，远离巴黎，忘掉一切，开始一种新的生活！

乌克兰的独立广场

力量消耗乌克兰的军民。二战中，就有许多不满苏联的乌克兰人站到了德国人一边，与苏军作战。

这一次，斯塔申斯基就是按照他的苏联领导的指示，用“莱曼”作化名，带着一张苏联占领区的通行证，来到慕尼黑，向他的苏联情报部门不断报告那些乌克兰人的情况。斯塔申斯基的主要监视对象是一位流亡的乌克兰政治家——列夫·里贝特。他是《乌克兰独立报》编辑，住在慕尼黑。今天，他的任务就是在咖啡厅里监视列夫·里贝特的一举一动。

时间过得很快，进入9月份后，斯塔申斯基奉命去向他的苏联领导人汇报当前一个阶段的工作情况。苏联上司脸上带着戏剧性的表情对他说：“是时候了。从莫斯科来的人已到这儿了，你稍后就能见到他。”这位领导人冷冰冰的语调中有一种特别的情绪在里面，使得斯塔申斯基有些毛骨悚然。正如他后来所回忆的，自己监视里贝特的目的原来是在为谋杀他做着准备罢了。

杀人于无形的气雾武器

斯塔申斯基怀着难以掩饰的不安见到了从莫斯科来的克格勃人员。这个克格勃人员给他看了“用来打发里贝特的东西”。这武器表面看来是绝然无害的，这是一根金属管，有人的手指头粗细，约7英寸（1英寸约合2.54厘米）长，由3节拧在一起而成。底部一节有一个发射栓可以点燃火药，推动中间一节的一根金属杆，这根金属杆又将管口的一个小玻璃针管撞破。这只玻璃针管里装有毒药（氰化物）。这看来像水的毒药以气雾的形式从金属管的前端发射出来。如果从大约1英尺（1英尺约合0.3048米）半的距离将气雾射到一个人的脸上，这个人一吸入这种气雾就会立即倒地而死。

这位名叫塞尔盖的克格勃间谍把这个针管向斯塔申斯基作了操作表演。“十分简单，你看，比这样好多了。”他一边说一边用手指在脖颈前划了一道，“这气雾丝毫不留痕迹，不可能查出是谋杀。只是你自己必须谨慎小心，务必注意不要让气雾危害到你。我们不想让两个人死亡，那就要露馅了。”这个克格勃特务向斯塔申斯基递上一片药，然后告诉他：“这是防护品，你预先把这片解毒药吞下，而在发射这武器之后立刻弄破另一个解毒针管，吸它的气雾，这样你就会免于危险。”

塞尔盖将他带来的小狗拴在一棵树上。然后，他让斯塔申斯基吃下一片防毒药片，把那件氰化物杀人武器交给了他。斯塔申斯基心烦意乱，不忍去看那只狗，而这条小狗却忠实地围着他的脚转。他只好转过脸，在距离狗大约1英尺的地

藏在刀柄里的毒针

方发射了这种武器。几乎没有任何爆炸声，这个动物当即被击倒，经过一阵短暂的痉挛，毫无声息地死去了。狗的尸体被遗弃在林子里，

塞尔盖拿走了拴狗的皮带、颈圈，仿佛完成了一项任务，扬长而去。这时，斯塔申斯基完全明白了，他就要毫不留情地运用这种武器去执行杀死里贝特的任务了。

1957年10月9日，斯塔申斯基奉命从柏林飞抵慕尼黑，这一次，他又有了另一个新名字——西格弗里德·德雷杰。按照塞尔盖给他的详细指示，他在以后的3天每天清晨吞服一粒解毒药丸，定时到卡尔斯普勒茨大街等候里贝特的出现。

10月12日上午10时刚过，当里贝特下了电车朝卡尔斯普勒茨大街8号他的寓所走去时，斯塔申斯基适时地跟在了他身后。听到里贝特用钥匙开门的声音，斯塔申斯基就立即从他的口袋里掏出那件裹在报纸里的武器，向他的毫无戒心的“猎物”走去，将那武器对准他的脸开了火。没有响声，没有惊叫声，也没有流血，只有里贝特倒下去的轻微声音。

看到里贝特中弹，斯塔申斯基立即冲下楼梯。在门厅里，他弄破解毒针管，吸了里面的气雾。他快步走出那所房子，将那件武器随手扔进荷夫花园后面的小河里。斯塔申斯基心慌地来到火车站，正赶上一列开往法兰克福的火车。他在法兰克福的旅馆过了一夜，一夜忐忑不安，多次从梦中惊醒。早晨醒来的时候，他还在怀疑，昨天的事情真的发生了吗？自己真的杀人了吗？

逼上梁山

斯塔申斯基是个十分聪明伶俐的小伙子。1948年4月，他在利沃夫大学预科学习，后来在利沃夫师范学院攻读数学。

1950年夏末，他因无票乘火车被捉住，其实这也没什么大不了的，但是乘警知道他是乌克兰人后，就把他交给了利沃夫的交通警察局。这一命令足以吓坏胆子最大的乌克兰人，因为交通警察里设有一个苏联国家安全队，即苏联国家安全部下面的一个特务机构。这个特务机构折磨人的手段很残忍，从里面走出来的“犯人”几乎都被“扒去一层皮”。

一个叫西特尼柯夫斯基的上尉接见了斯塔申斯基。这个上尉只字不提车票的事，而是不断地询问有关斯塔申斯基的家庭和家乡的一切问题。坐在上尉面前，斯塔申斯基感到不安，因为他不知道上尉究竟想怎么处理他。上尉警告这个年轻人说，他完全清楚他的家庭是卷入了“乌克兰民族主义者组织”的。他还强调说，乌克兰人反对苏联的反抗是“毫无意义的”，“他们肯定会被捉住，被逮捕，被惩处，被放逐。”

年轻的斯塔申斯基很快明白了这位上尉的用意：他已经被强加上反抗苏联的罪名了，如果要想保护他的家庭，他只有向苏联提供乌克兰地下运动组织名单的情报。作为回报，他的家庭成员将免遭逮捕。谈话后不久，斯塔申斯基就在一份为国家安全部工作的书面声明上签了字，并发誓绝对保密。几天后，他被送入一个基地，接受了克格勃训练。

苏联克格勃训练照

在以后的时间里，斯塔申斯基为了执行他所接受的指示，他把家乡里所发生的一切事件都记了下来，并上报那位上尉。1951年2月，西特尼柯夫斯基告诉他，必须尽快打入“乌克兰民族主义者组织”的抵抗团体，并再次受到威胁，如果他不再帮助他们干的话，他的双亲和姐妹将被送入集中营。事实上，苏联人认为斯塔申斯基已具有成为一名优秀间谍所需要的素质。

几天后，斯塔申斯基打入了“乌克兰民族主义者组织”的一个地下团体。斯塔申斯基果然很有间谍的天赋，随着他的高质量情报不断上交，他也因此得以在苏联的高薪金名册上列名，月薪900卢布，这在当时是个天文数字。

无心之举成为冷血杀手

此后，斯塔申斯基又被送到基辅接受了为期两年的间谍训练。除了接受政治教育外，他还被授以德文和间谍知识。1954年，苏联国家安全部并入克格勃。斯塔申斯基被允许同他的双亲见面，但只能告诉他们他在基辅工作。年底的时候，斯塔申斯基被给予一个全新的身份：约瑟夫·莱曼，1930年11月4日生于波兰陆柯维克村的一个日耳曼人，父母在战争中双双丧生，是个孤儿，被政府抚养长大。

斯塔申斯基为了扮演他一生中这一新的角色，所得到的训练是极端彻底的。在苏联和波兰特务机关军官的陪同与监视下，斯塔申斯基到假档案里记载的曾在波兰生活过的重要的地方逐一旅行，并熟悉那里的一切。最后，斯塔申斯基被带去德国奥得河畔法兰克福附近的苏占区，移交给了他日后的苏联上级军官塞尔盖·亚历山大洛维奇。

原克格勃总部大楼

斯塔申斯基在克格勃中的印象一天天在加深。他们还不放松对他的训练，交给他全套的各种各样的职业和任务来检验他。在斯塔申斯基被派遣出去之后，他仍然受到克格勃的监视。

1956年，斯塔申斯基开始被克格勃启用。斯塔申斯基这时已成为一个忠实的苏联间谍，否则苏联人绝不会考虑派他去杀人。斯塔申斯基出道后的第一个任务就是盯列夫·里贝特的梢，他以为只是盯梢或者在适当的时候将其劫持回乌克兰，而绝没有想到要执行杀死里贝特的任务。

作为首次单独作战的间谍，斯塔申斯基还有许多东西要学。他被要求尽可能查明里贝特所有的活动及日常工作规律。在对里贝特进行侦察时，里贝特一离开卡尔斯普勒茨的办公室，斯塔申斯基便紧紧尾随。

第一次盯梢时，斯塔申斯基感到非常不自在，好像身边的人都在注视自己，又好像里贝特早已认出了他。为了掩饰内心的不安，斯塔申斯基戴上了墨镜。他环视周围的一切人，发现只有他一人戴着墨镜，他又感到不自在，结果还是取下了墨镜，因为不戴墨镜比戴着少惹人注意。紧张了一阵之后，斯塔申斯基才稳定下来，克服了恐惧心理，千方百计追踪里贝特，观察他的一切活动及日常生活习惯。这期间里贝特竟毫无觉察。斯塔申斯基感到一阵欢喜，对里贝特的跟踪也更进了一步。

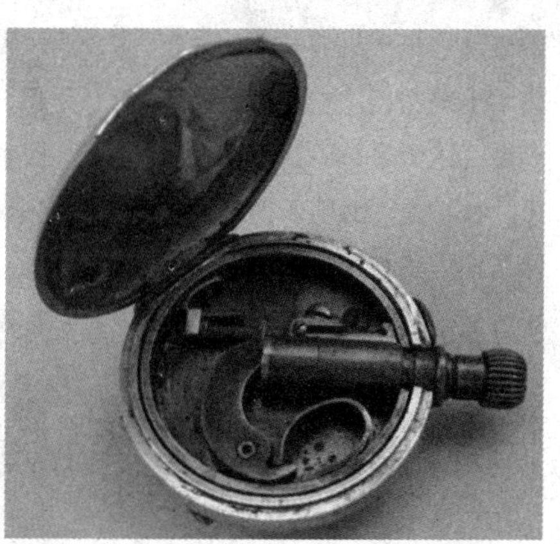

克格勃粉饼盒手枪

也许是克格勃已经了解了这一切，也许是一种巧合，暗杀里贝特的重任最终落在了斯塔申斯基的头上。结果证明了克格勃的眼光是正确的，负责监视的人员回来说：“斯塔申斯基出手干净利落，十分镇定，撤退时销毁了一切痕迹，转瞬之间就离开了现场，到了另一个城市。”上级很满意斯塔申斯基的首次暗杀行动。

天知道，斯塔申斯基那个时候心里的紧张程度之大，而且他的动作都有些僵硬，下楼时还有些慌张，撤离时完全是出于本能动作。结果竟然被冠以“冷血杀手”的称号，他真有点儿不知所措了。

无路可退

1958年5月，斯塔申斯基被派往鹿特丹，奉命监视斯捷藩·班德拉。班德拉不仅是“乌克兰民族主义者组织”慕尼黑分部的领导人，而且是乌克兰抵抗运动领导人中干劲最大、最杰出的一个，与西方的联系也最密切。在克格勃想干掉的乌克兰人黑名单中，班德拉名列前茅。关键是：必须干得不露形迹，像干掉里贝特那样，被看作是意外死亡。

执行这次暗杀任务过程中，斯塔申斯基遇到了一个美丽的德国姑娘——英格·波尔小姐。他疯狂地迷恋上了她，但是她和她全家都是反对共产主义制度的。斯塔申斯基对于他和女友之间的关系非常担忧，因此，他不敢向女孩儿表露自己的身份。随着时间的推移，无情的间谍生涯正在迫使斯塔申斯基陷入一种无法忍受的处境：要么，继续充当克格勃的杀手；要么，继续喜欢英格·波尔，与她终身为伴，被克格勃抛弃。

没有明朗之前，斯塔申斯基还得继续他的暗杀计划。他发现班德拉是一个游离不定、捉摸不透的人物，甚至连班德拉的手下也很难知道他的确切行踪。终于有一天，斯塔申斯基找到了班德拉的住所。他跟踪班德拉来到了慕尼黑克雷特梅厄街7号。斯塔申斯基试图搞清楚房内的一切，因此他搞到了一把万能钥匙，借班德拉不在之际，很快地打开了房门，查清了房中的一切。他把得到的情报和有关班德拉的情况汇报给了他的上司。

斯塔申斯基希望这次暗杀行动不再落到他的手中。然而，克格勃头目格奥尔基·阿克森捷维奇告诉他说，班德拉已经被判处死刑了，由他充当行刑者。

也许是出于对自己安全的考虑，也许是一种拖延借口，斯塔申斯基提出，班德拉通常随身带有一名保镖，杀死他有一定难度，克格勃对此的回答是给他一只手枪，以备急用。斯塔申斯基不得不再次充当杀人犯。上级还告诉他，上次那种杀人的武器在技术上已有相当改进，以前使用的枪会撒出一些玻璃小片，现在已经不会了。

克格勃标志

斯塔申斯基无法拒绝，他明白，这次的暗杀任务困难很大，危险也更多。要是不成功，自己就会暴露。而一旦被侦破，克格勃也许就会无情地放弃自己，甚至杀人灭口。

莫名其妙的发问

斯塔申斯基开始极力寻找下手的机会，他一拖再拖，期待上级取消这次行动。克格勃震怒了，向他发出限期命令，10天之内必须完成任务。

1959年5月的一天，机会出现了，斯塔申斯基注意到，班德拉当时正独自驾着汽车进车库。当班德拉停车时，斯塔申斯基躲在门外，手中紧紧握着他的武器，随时准备冲进去发射。不知道什么原因，他突然十分厌恶这次行动，转身离开了。

他的上级看在眼里，气在心里。克格勃玩儿了一个心理上的把戏，他们把斯塔申斯基送往他的双亲所在地，给他们一个短暂的会面机会，利用这一手段达到心理上对斯塔申斯基的继续控制。同年10月，斯塔申斯基又一次接到必须杀死班德拉的命令。这一次该怎么干，他再明白不过了，如果不成功，下一个死去的人就是自己了。

10月的慕尼黑，天气晴朗，阳光柔和，谁也不会想到，在这样温馨的日子里，一个谋杀案就要发生了。斯塔申斯基继续从齐伯林大街67号对面的一个大门里对班德拉进行监视。这次他再也无法犹豫，他很清楚，班德拉肯定随时都处于戒备状态，他的生命一直在受到威胁，他不会没有警觉。

下午3点左右，他看到班德拉回来了，没有带保镖。斯塔申斯基不觉暗暗高兴，他轻松地出门，朝大街对面的大楼走去。当他要上楼梯时，忽然传来了两个妇女的说话声，随之脚步声越来越近。斯塔申斯基立刻反应到，不能让这两个女人看到自己的脸。于是，他迅速转变方向朝另一边走去，躲过这两个女人的眼睛。女人走过去之后，斯塔申斯基又快速爬上楼梯。

三步并作两步，他来到班德拉所在的楼层，他清楚地看到，班德拉正在用力地抽着卡在锁眼中的钥匙。“没去上班吗？”斯塔申斯基走过来客气地问道。

这句莫名其妙的发问，让班德拉一愣，他最初的反应以为对方认错了人。但是班德拉很快觉得不妙，推开门就要闪进屋里，还没来得及跨进门槛，斯塔申斯基一个箭步冲了过来，手一扬，班德拉便觉得眼前一片迷雾，片刻之间，就倒在门外。

斯塔申斯基迅速拿出纱布包着的解毒药剂，急速地在台阶上将它敲碎，吸入气雾。他环视四周，发现楼梯上仍然没有其他人，便一秒钟也不耽搁地离开了这栋楼，将纱布和玻璃碎片丢进一条阴沟里。随后，斯塔申斯基赶乘头班飞机飞往柏林，接着来到设在那里的苏军司令部，向他们报告他已完成任务。

在柏林，斯塔申斯基被上级介绍给东柏林克格勃的头面人物，这位将军对他成功地完成任务感到非常满意，并且告诉他，莫斯科将授予他红旗勋章，要他前往莫斯科接受授勋。他内心一阵兴奋。可是想到要去莫斯科，要与他心爱的英格·波尔分别，甚至可能是从此分手，斯塔申斯基不由心情沉重起来。他清楚地知道，这种奖励只是一种虚幻骗人的东西而已，并不意味着从此可以过一种更美好、更自由的生活。

化身为俄罗斯街头百姓实为克格勃身份的普京（左一）

斯塔申斯基感到紧张的另一个原因是，对这次暗杀的细节，克格勃问得要比上次仔细的多。几个苏联人对班德拉的死已作了观察，并且告诉他，“这次谋杀并没有做得像上次那样完美无缺。”西德警察当局对班德拉突然在门外死亡作了调查，而且在进行尸体解剖时，发现他脸上有被玻璃碎片划破的地方。德国警方怀疑是中毒而死。

为了逃避，克格勃决定，在事情平静下来前，斯塔申斯基应当留在莫斯科。12月，苏共中央委员会的领导成员、克格勃的头子谢列平派人召见了斯塔申斯基。谢列平亲手授予他红旗勋章，然后详细询问了班德拉被谋杀的经过和现场情况。之后，克格勃要求斯塔申斯基暂时留在莫斯科，等待新的时机。

为爱痴狂

在莫斯科的日子里，斯塔申斯基非常想念他的女友英格·波尔。他为曾向英格说过一次谎而担忧。当时他不愿意承认他是去莫斯科，而谎称是去波兰出差。这时，他已经开始考虑要逃脱他现在所厌恶的杀人行当，并拿定主意，将来绝不再干杀人的勾当。尽管如此，他还是不敢向英格吐露自己的真情。

在这期间，他的克格勃领导人塞尔盖向莫斯科方面打了报告，说他经常与一个德国理发店的女孩儿密切来往。莫斯科方面对此向他提出忠告：这样一种友谊对一个克格勃人员来说是完全不相宜的，他不应该企图和一个外国女人结婚。然而，斯塔申斯基十分机智地辩解道，他认识这位女孩儿已经好久了，如果就此将她甩掉，事情将更难收拾。她会把详细情况说出去，叫他因此露馅。他还辩解道，既然克格勃人员还需要他在西欧为他们干掉其他人，同这个德国姑娘结婚就可作为一种掩护而有助于任务的完成，同时也为他在西方的掩护身份的合法化奠定基础。于是，这位克格勃领导人改变了态度，虽然并没有默许他所提出的继续与这个女孩交往的建议，但是毕竟答应“再仔细考虑一下”这个建议。

斯塔申斯基想摆脱克格勃控制的决心，连同他对这个美丽的德国姑娘的爱情，使他鼓足勇气直接向谢列平提出一个特别要求，即允许他同英格结婚。谢列平起初并没有答应他的请求，但斯塔申斯基的谎言如此使人信服，以致最后这个克格勃头子终于同意他们结婚，只是有一个条件，那就是必须让他的未婚妻来莫斯科，从而确保她的可靠性。

斯塔申斯基为了爱情，似乎一切都不愿再顾及，他心中只想早些和英格结婚，逃出这个令他恐惧的间谍圈子，他常常一厢情愿地想着，他和英格一起生活在一个非常幽静的小村庄，他们拥有自己的家园、聪明的儿子，过着无忧无虑的生活。

为了同英格在一起，斯塔申斯基冒了巨大的风险，他明白，一旦英格到了莫斯科，苏联人就会把她当作人质永久地留在那里。斯塔申斯基思考再三，心中自然忐忑不安。不过，这次他总算交了好运，几天后，他被告知，他首先必须告诉英格，他不是在为东德贸易部做译员工作，而是苏联国家保安部的一名成员。

莫斯科克格勃大楼地下密道

“你必须问她，如果你们结婚，她是否愿意全力协助你工作，如她能保证，那你们就可以在一月份双双来莫斯科，同时你坚决不能把你谋杀里贝特、班德拉的事情告诉她，一点儿消息都不允许走漏。”克格勃的头子坚决地告知斯塔申斯基，要是不能按照指令执行，就不允许他们结婚。

1959年圣诞节，斯塔申斯基抵达东柏林。在英格的住所，他们共进晚餐。斯塔申斯基又一次激动起来，他再也无法忍受这种欺诈蒙骗的生活，他毫不顾及地把他的一切全部告诉了英格，仅仅只有那两次谋杀案还保持着秘密。

英格对听到的一切出奇地冷静，房间是那样的宁静，两个人呆坐在那里，谁也不愿说话，谁都不想打破那片寂静。“既然你想逃往西方，为何不马上就走呢？”英格疑惑地问道。

“这样一个行动需要非常小心地策划好，否则会造成无可挽回的错误，我会被克格勃找到并杀掉。”斯塔申斯基解释说。

正象斯塔申斯基渴望得到英格那样，英格也着魔似地恋着斯塔申斯基。她以惊人的勇气和决心开始对待他俩将要出逃这一危险计划。她开始为他们实施出逃计划而秘密地做准备。怀着对男友的高度信任和热爱，英格不知疲倦地东奔西跑，支撑着一切。他俩一致同意，对英格的双亲决不能吐露真情，至少在目前，他还必须充当译员的角色，用莱曼这个名字。

滞留在莫斯科

两个人要结婚了，按照英格父母的意愿，斯塔申斯基和英格在西德的一座新教堂里举行了婚礼。虽然苏联人非常厌恶宗教仪式，但斯塔申斯基指出，举行这种仪式，他被怀疑为克格勃间谍的可能性就会小得多，于是，他的克格勃上司勉强接受了这个主张。

1960年5月，他们夫妻接到克格勃的命令，返回莫斯科。在莫斯科，斯塔申斯基无时无刻不感到被监视和被考察下的不安。这使英格内心里对苏维埃政权日益敌视，并对斯塔申斯基总是延迟外逃渐渐不耐烦。事实上，对于斯塔申斯基来说，多年的间谍生涯使他非常明白，如果他敢耍花招，迎接他的必然是冷冰冰的枪口。无论他逃往何处，克格勃的魔爪都会向他伸来。

克格勃地下密道结构图

有一天，早就怀疑寓所内装有窃听器的英格，催促斯塔申斯基彻底检查一下住房。果然，他发现屋内藏有一个窃听器。现在他们完全清楚了，不仅他们同亲友的来往书信受到检查，每次外出受到监视，而且住所里也安有窃听装置。从此以后，他俩要说什么秘密话，要么只能去公园，要么就只能用纸进行笔谈，之后立即将这些字纸小心地烧掉。

"这不是生活，简直是个活地狱，我们一定要尽快设法逃出去。"英格在走向公园的路上激动地对斯塔申斯基说道。她确实已经忍无可忍，接下来还有更使他们震惊的事。9月，英格发现她怀了孕。他俩兴奋不已，斯塔申斯基向他的克格勃领导提起了此事。结果，这位克格勃头子怒气冲冲，而且命令他立即带英格去医院施行人工流产手术，因为他们有了孩子，就意味着他的间谍生涯将会中断。"如果不这样的话，你们就得把这个孩子交给一家养育院，让他在那儿生活。"这个克格勃头子威胁地说道。

斯塔申斯基无言以对。回到家里，他愤怒地告诉了英格。也许这件事情真正地刺痛了斯塔申斯基和英格，他们决心尽快地冲破牢笼。斯塔申斯基横下一条心，以自身之能事，想方设法装得特别勤勉、愿意合作，以向克格勃显示自己仍然是一个忠于苏联的有价值的特工人员。他设法说服他的克格勃领导让英格去东柏林作一次短暂休假。斯塔申斯基向他们提出："如果英格的父母不能很快看到他们的女儿，他们必然会提出令人难以回答的问题。"他甚至用他从未表现过的狡狯，设法向克格勃暗示，他的妻子不在身边，他就能更努力更有效地工作。

将柏林一分为二的"柏林墙"

使斯塔申斯基窃喜的是，克格勃这次又中了他的计谋，英格突然得到出国许可证。对于他们来说，这简直是走向成功的启明星。只要英格能离开莫斯科，那么他就有理由或者有机会出境。他们私下订了一个计划：她无论如何要设法把她在东柏林的逗留拖到她的分娩期，那时她就可以发一封电报给她的丈夫，请求谢列平（克格勃主席）让斯塔申斯基到东柏林照顾她。

英格在东柏林一直受到克格勃的监视，她给丈夫的信件、走访双亲，都要得到克格勃的允许。为了实现出逃计划，她想法住进了医院，设法拖延她的停留期，使她的孩子免遭"流产"或"送往养育院"。

1961年3月31日，英格给她的丈夫发了一份电报。告诉他们得到了一个可爱的儿子。看到电报，斯塔申斯基高兴不已，他不仅是为得到儿子，也是为他们的秘密计划向前迈进了一步。他即刻打报告给谢列平，请求允许他前往东柏林探望妻子和小宝宝。令他恼火的是，这次请求遭到了拒绝，相

西柏林的居民向东柏林亲属招手

反，谢列平告诉他，“由于你夫人健康上的原因，我们已经两次延长了她的停留期。现在，她应该回莫斯科来。”这使斯塔申斯基先前的高兴一扫而光。

看来，他们出逃的计划将化为泡影。斯塔申斯基只好写信告诉英格“注意身体，养好宝宝”，他希望能有机会再次寻求离开莫斯科的办法。

身陷重围

4个多月过后，英格打电话给她在莫斯科的丈夫，痛苦地告诉他，他们可爱的儿子死了。接着，斯塔申斯基又接到一封他岳父发来的电报，要求他在自己的儿子入葬之前，看上他一眼。从这个意想不到的悲痛消息中，似乎又露出了微弱的希望之光。斯塔申斯基沉痛地诉说了这一切，要求前往东柏林，看一眼他那死去的儿子。也许由于牵涉到一名民主德国家庭，克格勃软了下来，他们答应，在调查清楚他的孩子确系自然死亡之后，他可对他的妻子作一短期的探望。

不久，斯塔申斯基接到一个通知，他可以参加他儿子的葬礼，但必须有护卫队员陪他一起前往。8月10日，斯塔申斯基在一个克格勃特务陪同下飞往东柏林。在东柏林，他们见到了那里的克格勃领导，斯塔申斯基被告知，对于他和他的妻子必须接受严密监督，因为这孩子有可能是美国间谍为了诱使斯塔申斯基离开莫斯科而被毒死的。

尽管克格勃的眼睛到处都有，斯塔申斯基仍向英格暗示，他已准备就绪，可以随时逃跑。葬礼定于8月12日在靠近边界的达尔哥夫墓地举行。斯塔申斯基计划就在这一天逃跑。

“在埋葬我孩子的那一天，我们拟定了逃跑计划，因为往后就会太迟，他们就会对我施加压力，逼我立即返回莫斯科。即使在那个时候，我也被三辆汽车监视着，这些车都停放在附近街道的有利位置上，我被监视哨包围着。一旦我们单独在一起，没有人在听觉范围内的时候，我们就很小心地盘算如何不知不觉地溜走。我们一方面研究街道图，另一方面了解克格勃的汽车停在哪儿。我们俩都千方百计地愚弄我们的监视者。”斯塔申斯基在后来的回忆中说道。

想要逃出克格勃的斯塔申斯基如今已有丰富的经验知道怎样甩掉尾巴了。斯塔申斯基对东柏林比较熟悉，他时时留意路边的大楼和胡同，暗自盘算着如何利用这些建筑物脱身。很快，他有了计划，并准备了几套衣物，又把房间壁炉烟道里的烟灰刮下来，放在一个破布袋里，藏在怀里，以备脱身之用。

7秒钟换装

这一天，斯塔申斯基穿戴完毕，又如往常一样走上街头，进入一幢老式的5层楼房。克格勃的跟踪人员立即分成3组：第一组留在楼房外监视；第二组绕过大楼，在后门站好位置把守；第3组则尾随他走进楼内，一路跟踪。

在大楼入口的拐角处，稍后跟进的第三组的人员碰到一个瘦高的打扫烟囱的黑衣男子。他头戴黑乎乎的帽子，满脸黑灰，身上也满是烟囱里的灰尘，两手拎着一个装满黑灰的破布袋，半低着头，看着脚下的台阶，嘴里哼着快乐的曲子。跟踪人员侧身

“柏林墙”的另一边是斯塔申斯基向往的天堂

把他让了过去，接着就往楼上爬。从1层到5层，他们走近每家门口偷听，都没有听到任何声音，楼道也鸦雀无声。“他到底进了哪个房间？”他们只好来到街上，用对讲机问后门的同伴。那边回答说：“没有，没有任何人出来过。”

“既然还在大楼里，就等吧！”过了很长时间，也不见斯塔申斯基出来，跟踪人员着急了，便伪装成检查煤气的工作人员挨家查看，最后确认跟丢了斯塔申斯基。

斯塔申斯基到哪里去了？

三组人仔细检查了现场，发现了地上的黑灰，又了解到，这个楼里根本没有打扫烟囱的住户。一名间谍头目回忆了整个过程，作出了判断，原来这是一个7秒钟的“戏法”：斯塔申斯基走进大楼后，立即拽掉身上的衣物，由于衣物事先都做了手脚，一扯就分开了，里面沾满烟囱灰尘的黑衣服就露了出来；他拿出藏在怀里的破布袋，戴上布满烟囱灰的黑乎乎的帽子，将脱下来的衣物塞进破布袋里，随手将黑灰在脸上涂抹几下，就这样脱身而去，总共只用了7秒钟。这种摇身一变的本领在当时成了西方间谍执行任务中屡试不爽的招数。

斯塔申斯基从大楼脱身，确信无人跟踪后，快步走进附近的一个卫生间里。不到一分钟，他脱下脏衣服，洗干净了手、脸，然后穿上他妻子的弟弟事先藏在破纸箱里的衣服，径直向与英格约定的地点走去。

虎口脱险

那一刻，有一件事着实令斯塔申斯基担忧，他担心到关键的时候，英格不去参加葬礼，她的感情会使她不愿逃跑，失去良机。

实际上，在走向墓地的路上，英格表现得非常镇静，她眼中噙着泪水，呆呆地注视着向前移动的儿子的小棺材。由于监视的重点放在斯塔申斯基身上，英格这边只有一组克格勃人员。在亲友围在一起，为孩子祈祷时，英格借着花圈作屏障，沿着旁边的栅栏小心地贴着地面前进，避开了克格勃人员的视线，穿过一片灌木林，她和斯塔申斯基会合了。他们随即向北郊法尔肯泽进发，在那里他们雇了一辆出租汽车，他们在舍恩豪塞-阿里车站上了一列电气火车。两个小时后他们便到达了西柏林的盖桑德布兰嫩车站。他们终于逃出了虎口。

1962年西柏林街头

来到西柏林的斯塔申斯基向当局请求避难，他立刻被关进了监狱。不过，对于他的“投诚”，西方还是非常高兴的，这样既可以打击克格勃的嚣张气焰，也可以有人证明苏联卑鄙的暗杀行动了。斯塔申斯基所杀害的斯捷藩·班德拉，对许多乌克兰民族主义者而言，不论是乌克兰地区内的，还是西德和其他地方流亡者，都是一个严重的打击。在许多乌克兰人看来，班德拉是一位民族英雄，他就是他们的领袖。

1962年10月19日，西德司法当局以间谍罪和杀人罪判处斯塔申斯基监禁8年。法庭庭长还同时指出：“本庭所宣布之判决，非意在毁灭被告，实为助其赎回罪过。”

为了彻底掩盖某些真相，也为了让英格不被克格勃暗杀掉，英格于1964年6月23日宣布同博格丹·斯塔申斯基离婚。1968年新年前夕，斯塔申斯基提前4年被释放。为了避开克格勃，他被美国用一架军用飞机秘密带出德国，定居在美国。至于英格，此时早已改名换姓，在西德斯图加特一家理发馆工作，当斯塔申斯基前往美国的那一天起，她也悄悄地消失了……

同时为纳粹德国和盟军工作的双面间谍波波夫

他深入纳粹的“狼穴”，为盟军的胜利甘冒种种危险，并且取得了巨大的成就。在某种程度上，他的谍报生涯堪与英国银幕上的间谍詹姆斯·邦德相媲美，而且其间谍生涯的紧张性和危险性更加激动人心，充满着罪恶与仁智的殊死搏斗。他被西方谍报界誉为最勇敢、最快乐的谍报天才，具有巨大魅力，连前英国情报机关的头子斯图尔特·孟席斯少将也对他赞叹不绝，说他“太诡计多端”。

左右逢源

1940年2月，欧洲到处充斥着纳粹德国的恐怖身影。希特勒在征服了波兰之后，正着手准备进攻法国的战略计划。因此，德国极力地排除进攻道路上的一切障碍，不但整军备战，同时还派出大量的间谍，到各个国家搜集情报。

一天傍晚，正在南斯拉夫家中度假的达斯科·波波夫忽然接到一个电话：“亲爱的波波夫，我急需见到你，我现在塞尔维亚大饭店准备了丰盛的晚餐。务请光临。”这是他的挚友约翰尼·杰伯逊打来的电话，他们已经有一个月没见面了。波波夫接完电话，就去冲了个澡，穿上一套灰色的西服，再喷上一点儿香水，便开车赶往约定的地点。

约翰尼是波波夫在德国南方布雷斯高的弗赖堡大学结识的挚友。4年前，当两人在奥斯兰人俱乐部里邂逅时，都不禁为对方令人愉快的性格和谈吐所吸引，很快便成了知心朋友。以至于相交不久，双方都把对方看作是自己最亲密的哥们儿。

半个多小时后，波波夫终于在酒店见到了好友约翰尼。约翰尼看上去却忧心忡忡，他简单拥抱了一下波波夫，就打开一瓶白兰地，倒了一杯直接就喝了下去。

波波夫好奇地问：“怎么了伙计，失恋了还是生意赔本了？”约翰尼没头没脑地倾诉起自己的哀愁来：“希特勒这个混蛋，他到处惹英国人，恼怒的英国人正在限制德国的商船。现在我急需你的帮助，需要立即行动，再晚就来不及了。现在德国有5条船被扣留在特里斯特港，其中有两艘是我的。海运的生意没法做了，我已设法搞到许可证，想把它卖给某个中立国家。然后我拿着钱去美洲，欧洲实在太不安全了。”

“哪个中立国愿意购买这些船呢？”波波夫反问道，“如果英法拒绝承认你的许可证，那么他们就会合法地扣留这些船。”

“对了，这就是我找你来的原因。我知道你和英国人关系不错，你必须利用你有利的社会关系，帮我办成这笔生意，而且绝对不能引起英国佬的怀疑。”

一听此言，波波夫心里就明白

达斯科·波波夫

了，波波夫几乎没有什么犹豫就答应了好友的请求。与约翰尼分手后，波波夫直接找到了英国驻巴尔干国家的商务参赞斯德雷克。波波夫果然是个高明的人际关系学家，他一出马，这件事就变得很容易了。两周后，波波夫带着约翰尼提供的许可证，将德国货船卖给了中立国家。

拿到钱后，两人隆重地举行了一个庆祝会。只不过两人庆祝的目的不同，波波夫为自己对朋友有所帮助而高兴，约翰尼则是由于赚了一笔大钱浑身舒畅。酒过三巡，约翰尼对波波夫说道："我是阿勃韦尔（德国军事情报局）的人，上次请你帮助也是上头示意让我这么做的。他对你的行动非常满意，他希望能跟你好好谈谈。"

波波夫一听，心里紧张得怦怦乱跳："你们的头儿是谁？他为什么选中我？"

"我们的总头儿叫威尔希姆·卡纳里斯，他的政治观点和哲学思想和我们俩很相近。我在他面前极力推荐你，说你是个谍报天才，能派上大用场，于是老头便让我试一试。结果没想到你干得这么漂亮！我想，你一定对我的建议感兴趣吧？"

"我，……我不知道要干些什么？"

"哦，一开始并不需要有什么惊人之举。只要搞一些有关英法方面的小道消息就可以了。象你这样经常混迹于外交界和政界的人很容易搞到这些东西的。"

英国军事情报第六处（MI6）

"好吧，约翰尼，看在你的份上，我就帮你这个忙。不过我可能对这一行不大感兴趣。"

"你现在就着手搜集情报。至于和头儿何时见面，我会通知你的。"

晚上，波波夫考虑了一夜，他对希特勒的侵略行径深恶痛绝，他认为绝不能助纣为虐，充当德国人的走狗，但是他又想不能放弃这个难得的机会，要以自己的力量打入德国情报界，为世界反法西斯做出一点微薄的贡献。第二天一早，波波夫又去找了英国商务参赞，把有关情况向他一一说明。这位矜持的英国人只是淡淡地说了一句："很有意思，继续与那个家伙保持联系也许是件好事。我会考虑的，也会核实一下的，不过如果我们开展合作，你所需要的情报我会派人送给你的。"

随后，英国人对波波夫进行了仔细的考察，认为他是一个可以信赖的人，于是正式吸纳他成为一名间谍，确切地说，波波夫成为了一名双向间谍。

半个月一晃而过，约翰尼突然领来了一位德国使馆官员，对波波夫介绍道："这是门津格少校，我的顶头上司。他想跟你聊聊。"接着，门津格开门见山地说道："我们在英国有许多情报人员，其中不少是很精干的。但是，我们还需要有你这样一个人。你的社交关系可以帮助我们打开许多门路，有些情报不是马上可以搞到的，你却可以帮我们的大忙。同样，我们也会十分慷慨地报答你。"

为德国人"效劳"

波波夫按照英国方面的授意毫不犹豫地答应了下来，并在第二天早晨跑到英国大使馆通报这个消息。这次与他接触的是英国军事情报第六处（MI6）驻巴尔干的头目，此人化名史巴雷迪斯。听了波波夫的报告后，这位情报官员说道："非常好，德国人上钩了，你就准备为那些德国人‘效劳’吧。要设法与他们搞好关系，他们很有可能派你到伦敦或某个中立国家去。另外我还要告诉你，要让他们知道你在伦敦有一个朋友，是位懂行的外交官，他目前想移民美国，急需用钱，可以用钱向这个人买情报，而且你认为他可以帮你的忙。”

军情六处标志

第二次见面时，波波夫就提到了这个外交官朋友。门津格一听，就来了精神，他迫不急待地问道：“你那个外交官的能接触到哪个级别，可靠吗？”

“是我的一个老朋友，此人绝对可靠，他是外交部的一个秘书。”

“那太好了！”门津格一边说着话，一边打开公文包的锁扣，伸手取出一个金属小瓶，说：“一切都要秘密进行，你把这个东西给你的朋友，这是密写剂。”接着，门津格又吩咐约翰尼负责向他说明如何使用密码、如何接头联系等具体事项。

这次见面结束后，波波夫便作为一名德国间谍展开了自己的“间谍事业”。几星期后，按照约定地点，史巴雷迪斯向他下达了一项重要任务——搜集德国针对英国的“海狮行动”计划的所有情报。与史巴雷迪斯谈话以后，波波夫又带他会见了两名新近吸收的情报员，一个是他的哥哥伊沃，另一个是大学同窗尼古拉斯·鲁卡斯。于是，英国在南斯拉夫的情报网壮大起来。

三天后，门津格和约翰尼来到波波夫家里，向他作了工作安排。门津格告诉波波夫，他即将被派往英国，要求他搜集有关英国的城市地貌、人口分布、政府机构、军事设施等情报。波波夫顿时明白此行的任务是为“海狮行动”提供轰炸目标。

半个月后，在法国巴黎的一家咖啡馆里，波波夫品着咖啡，等着与他接头的人到来。他的桌子上放着一捧百合花，这是事先商量好的接头暗号。不一会儿，一个穿白衬衣、短裤的男子出现了，来人在他面前晃了一下，就转身离开了。波波夫把钱放在桌子上，尾随出门。看到前面的那个人上了出租车，波波夫也挥手叫停一辆出租车，两车一前一后向凡尔赛宫驶去。不一会，前面的车停下来，里面的人走到一棵树下。波波夫走过去，看到了约翰尼。

约翰尼这次带来了上峰的指示和关于“海狮行动”计划的变动情况，他对波波夫说道：“‘海狮行动’计划暂时搁浅了。不过，空军总司令戈林元帅要亲自指挥战鹰狂轰伦敦和英国的港口，因此原定行动不变，希望你能马到功成！你的新领导人是卢道维柯·卡斯索夫少校。他是阿勃韦尔驻里斯本的头目。这是在欧洲最主要的情报站，你可用公用电话和他取得联系，就说找卡尔·施米特接电话。然后他会暗示你，他很高兴在指定的时间和地点见到你。你要提前一小时到那里，一个女人会从你身旁走过，向你使眼色，然后你就跟她走好了。”说完，约翰尼又拿出一个厚厚的大信封，告诉波波夫里面是活动经费。

按照约翰尼告诉的接头办法，波波夫很快就找到自己的新上司——卡斯索夫。此人办事果断、干练，马上就开始亲自教波波夫如何使用密码、投寄信件，还给了他一架莱卡照相机。同时，卡斯索夫又指派阿勃韦尔驻里斯本的头目克拉默上尉对他进行了严格的审查。一切都证明正常后，卡斯索夫命令波波夫前往一家德国人控制的饭店——阿维士饭店过夜。

第二天，波波夫出发前，卡斯索夫严肃地说道：“我期待着你从伦敦带来的好消息。”

爱情事业双丰收

带着德国人的“厚望”，双面间谍波波夫搭乘荷兰皇家航空公司

德军轰炸后的伦敦街头

的班机飞往英国首都伦敦。到了伦敦之后，波波夫就住进了高档的伊丽莎白大酒店。

当晚，一个瘦弱的男人迎了上来。“波波夫先生吗？我是乔克·堆斯福尔，是MI6处的，史巴雷迪斯已经通知总部说你要来。见到你真高兴。”两个人交谈了一会，堆斯福尔就离开了。第二天一早，一个年轻的英国军官来敲门：“嗨，你好，波波夫！我叫罗伯逊，是MI6处BA1科的科长，负责对敌人情报的鉴别工作。我的工作名字叫‘塔尔’，希望能对你的情报搜集任务有所帮助。”

于是，在罗伯逊的陪同下，波波夫终于踏进了他真正的服务机构——MI6处的大门。这是一套由情报机关租用的舒适的公寓式建筑。在这里，大约有十几个官员对他轮翻进行了6个小时的严厉审问，就差对他拷打了。在一切都表明真实可信后，他又被带到一间摆设考究的办公室里，引荐给一位50来岁、身材瘦弱的权威人士。经介绍，他才知道眼前这位军人就是赫赫有名的MI6处负责人斯图尔特·孟席斯少将。

“很高兴见到你！希望你能够适应我们的工作方式。我的所有情报员都要向我仔细汇报的。从现在起，我们就是一家人了，希望你能到我家和我们一起度过一个美好的周末。”当晚，波波夫就和罗伯逊一起来到了少将家。主人热情好客，特别是孟席斯太太，更是举止得体、温敦善良。她一见波波夫，就立即把他介绍给一个名叫嘉黛·沙利文的迷人姑娘。这个女孩是奥地利一个纳粹头子的女儿，但却从未服从过父亲的信仰，于是便出逃到英国来，目前也是MI6处的特工。嘉黛似乎对波波夫很有兴趣，她那双迷人的大眼充满了柔情蜜意。看着这个女子，波波夫感到有一股难以名状的暗流冲击着心房，真希望和这个姑娘多待一会。

从第二天起，波波夫便在MI6处人员的协助下，进行了大量的“情报搜集工作”：他到海港附近拍摄英国的军舰，记录了一些军舰的数目与型号；站在高处拍摄远方的高射炮阵地；描绘了许多重要地区的地形图、重要的军工厂坐标……当然了，这些情报都是英国MI6处人员精心设计之后的假象而已。

平日里，波波夫出入高档会所，一副贵族形象，他出手大方，很快成为伦敦耀眼的名人。就在此时，嘉黛也来到波波夫的身边，她很快成为波波夫生活上和工作上的伴侣。带着波波夫一个接着一个地参加宴会，把他介绍给所有值得交往的社会名流。

在嘉黛的帮助下，波波夫为

英国雷达阵地

阿勃韦尔的高级间谍

卡斯索夫提供了大量的假情报，这些情报源源不断地送到德国人手里时，德国人对此赞赏不已，认为这些情报非常宝贵，他们一再口头嘉奖波波夫。波波夫趁机提出由于情报太多、体积太大、份量太重，不宜邮寄，必须回里斯本当面转交。实际上，这是为尽快地回到德国情报机关，刺探他们的内部组织而设计的一条妙计。

三套车

果然，一切都按照MI6的计划有条不紊地展开了，波波夫带着大量的假情报，在伦敦一些名人的欢送下，他登机而去。飞机在伦敦上空时，波波夫心中又涌起一阵阵思念之情。他在想念嘉黛，一种炽热的离别之情不禁油然而生。从某种意义上说，战争使得人与人的关系更加诚实和讲究现实。生离死别随时威胁着人们，永恒只能作为一种抽象尺度存在于时间和空间之中。望着逐渐模糊的伦敦城，波波夫心中不禁高喊：“我会回来的！”

遵照事先制定的联络办法，波波夫很快便和上司接上了头。

卡斯索夫在一所别墅里对他进行了一番细致且持久的审讯。他对情报的每个细微末节都要追根寻底，从各个不同角度来盘问，以便发现新的动向。当他听到波波夫说起在伦敦发展了嘉黛·沙利文和狄克·梅特卡夫作情报员时，就象一只机警的猎犬嗅到了猎物的踪迹一样，连续不断地提了许多问题。最后，他十分谨慎地说：“想办法深入地摸一摸他们的思想状况。在谍报工作中，一定要做到绝对的了解和控制。一个出色的间谍，绝不会把自己的安全与色情混为一谈。”

最后，卡斯索夫又向波波夫说：“很快，我们就不需要你再去操心外交邮袋和其他传递材料的途径了。我们将通过一个小玩意儿来传递情报。柏林方面正在发明一种方法，把一整页的材料缩小到只有句号那么大小的一个微型胶片上。只能通过显微镜才能看清楚，我们把它称为‘显微胶片’好了。”

不久，波波夫回到了英国，嘉黛和狄克也被正式批准为“德国间谍”。他们分别取了一个代号，叫“胶水”和“气球”。鉴于嘉黛的父亲是个纳粹党党员，所以她塑造成出于爱国的动机才为德国充当间谍的。她专门利用社会关系去搜集政治情报和机密，以及有关新的军事司令员和其他新的任命等情报。

波波夫新发展的情报员狄克，打扮成出于贪财的动机，向德国谍报部门频频输送准确的情报。鉴于波波夫手下已经有了两名新成员，组成了一个小组，英国情报当局认为应该给他取一个新的代号，叫“三套车”。随着实力的壮大，波波夫在阿勃韦尔的圈子里也愈加光彩夺目了，这使得他的工作就比以往顺利多了。

为了获取德国方面的信任，“三套车”制订了一个名叫“迈斯德计划”的洗钱方案。以往阿勃韦尔对间谍的情报费总是用外汇支付。按照英国的法律，凡进入英国的外国人，其所带外汇都得换成英镑。换钱时，每张英镑上的顺序号都要记下来。一旦情报小组中的一人被捕，那么从他腰包里的钞票号码上就可以将其他的人一网打尽，为了避免被“发现”的危险，波波夫找到了一个有钱的戏院老板，后

盟军正在伪装假坦克阵地

者同意由他出面兑现英镑，然后用他账上的英镑来支付给波波夫，此计划顿时赢得阿勃韦尔的赞赏。

接着，为了阻止毒气战，波波夫通过“气球”送去了一个报告，说明英国已对毒气战作好了一切准备，从而使德军完全打消了发动毒气战的念头。同时，“三套车”还喂给敌人许多政治情报，这些情报对战争没有直接影响，目的是为了提高他们的威望。

英国海军想让德国人对东海岸的水雷区产生一个错觉，波波夫的任务是把虚构的布雷图送给德国人。为此，“三套车”设计了一场戏：有一个叫伊文·蒙太古的英国海军参谋总部人员，因为是犹太人，因此，对德国人要打赢那场战争怕得要死。他听了许多关于集中营的可怕的故事，如把人放进烤箱里烤死等等。因此，他希望从德国人那里得到某种人身保险。波波夫乘机和此人结成了好友，并请求他把那些绝密的海防图设法送给德国人。

于是，有关英国海军的水雷布置图就这样通过“三套车”的手送到了卡斯索夫手中，而德国情报部门对此一直深信不疑，把它作为绝密情报呈送给元首，使希特勒打消了从东海岸进攻英国的想法。

制造假情报

在波波夫领导下的谍报网空前壮大的同时，他们的战术谋略主要转向了发出假的警告和策反上。其目的在于使德国人混淆视听，加重战争失败的心理压力；同时使德国军队在西线保持最大的数量，从而减轻苏联前线的压力。

一个相当有代表性的例子是“斯塔基行动”。在这次行动中，波波夫向德国情报机关提供了点点滴滴关于盟军战略欺骗阵地的情报，使其相信盟军将要在加莱港地区正准备发动一次大规模的两栖登陆。这就诱使德国空军进行侦察，并把轰炸机群引诱到英国皇家空军的后院，使之处于易受攻击的境地。

在与卡斯索夫的一次谈话中，波波夫根据卡氏无意中透露的一宗德国谍报活动的案件，帮助盟军抓获了一名隐藏很深、危害极大的纳粹间谍，为“诺曼底”登陆计划的顺利实施扫清了情报方面的障碍。

事情是这样的：有一天下午，波波夫去要活动经费，并抱怨说给自己的钱太少了。卡斯索夫见状连忙解释道：“请相信我，我们已尽了全力。为什么我们没有给你们更多的钱呢？原因是我们把一大笔钱给了我们的另一个情报员，这个人出身清贫、地位低微，但他向阿勃韦尔提供了难以相信的重要情报。”

“什么样的情报能比我的情报还好呢？”波波夫很自负地说。

“再也没有比这更多更好的情报了。有军事的、政治的，甚至有德黑兰会议记录和盟军将要进行的一次大型两栖登陆的准备阶段的消

作为战略欺骗的盟军集结地

息。”

“我不相信。一个地位低下的人不可能搞到这些，他必须是一个像我一样地位很高的人。而且要交际很广，能量很大才行。”波波夫故意流露出很嫉妒的神色，又摆出一副不相信的样子，弄得似乎卡斯索夫贪污了本应该属于自己的活动经费似的。

看到波波夫怀疑自己克扣下属经费的鄙夷神态，卡斯索夫不禁有些气恼，他控制不住地说：“我告诉你，事实上他是你的同乡，离杜布罗夫尼克不远，他的情报和你一样有价值。就是因为他在搜集最近的盟军登陆情报，所以花费比你大，这件事你就不必争论了。我能告诉你的就是这些了。等我回去后，再向上级申请增加你的经费，就到这里吧！”

波波夫装出半信半疑的样子，耸耸肩，无奈地说：“我最近开销太大，也是没有办法啊。好吧，我们先不提这个事情了。”

波波夫随后就将这个意外得来的情报报告给英国MI6处。英国人十分震惊，幸亏发现的早，否则后果不堪设想。他们从各方面推测认为，此人很可能是阿尔巴尼亚人，因为杜布罗夫尼克离阿尔巴尼亚边境最近。

MI6立即开始对所有能接触德黑兰会议记录的人员进行了排队摸底。很快，范围就缩小到几个人身上，经过排查，挖出了这个与德国人合作的间谍，他的名字叫里瓦多杰。为了保护波波夫的身份，MI6没有直接逮捕这个人，而是设了一个骗局。里瓦多杰的顶头上司故意把机密文件当着该间谍的面放在保险柜里，然后在里瓦多杰打开保险柜拍摄的时候，意外被偶然回到办公室的一大群人当场擒获。随着里瓦多杰的被捕，德国在英国中枢机构的特务网已被打击殆尽。

同时，作为波波夫工作的另一个伟大成果，他成功地策反了约翰尼。有一次约翰尼工作出现失误，这种失误的后果很可怕，轻则被召回德国无休止地解释，重则有可能被当做叛徒除掉。波波夫及时地帮助约翰尼解了围，那一天两个人聊了很多，对国际形势作了很深刻的探讨。约翰尼对德国的前途没有太多信心，担心战后受到国际法庭的审判，波波夫顺势不断地做约翰尼的思想工作。最后波波夫和约翰尼摊了牌，告诉他自己实际是为英国人工作的。约翰尼起初不相信，直到波波夫说了几件大事，他才真的相信波波夫原来是双面间谍。

约翰尼考虑了2个小时，最后他请求波波夫帮忙联系英国的MI6，他要改邪归正，为反法西斯奉献自己微薄的力量。英国MI6非常高兴约翰尼的归顺，和他签署了一份备忘录，然后让他像以前一样配合波波夫的工作。

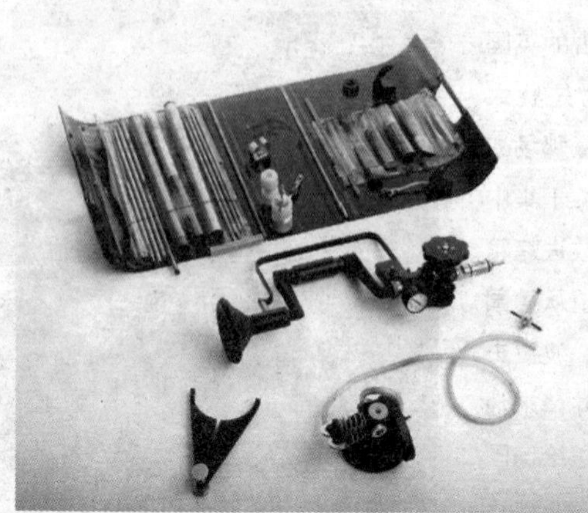

间谍使用的各种工具

危险中也有欢笑

虽然身处秘密斗争战线上，危险也是时刻存在的。在战场中，是血与火的较量，拼的是勇敢和实力；而在谍战中，虽然不会遇到迎面呼啸而来的子弹和炮弹，却处处充满陷阱，稍不留神，就有可能暴露。波波夫深知这一点，因此，他在紧张的间谍生涯里，也时时地享受着美好的生活，给自己保留一片温馨的感觉。

每次与德国人接头，或者与英国人接头，波波夫都存在很大的危险。因为德国人看到他与英国人接头肯定会杀掉他；相反，波波夫与德国人接头，其他不知道真相的特工组织也会杀掉他。这就是双面间谍的无奈之处，看似左右逢源，其实就如同在半空中踩着细钢丝走路，随时都有让自己坠入深渊的可能。

多年的历练，波波夫已从一个公子哥成为一名职业的间谍干将，在风险丛生的环境中，学会反间谍技巧是保护自己生命的重要手段之一。

例如一只普通的手提箱，看起来没有什么特别的，一般人

西斯廷大教堂

不会注意在箱子的拉链的合口处，有一根细细的头发丝。如果外人打开箱子，又合上箱子。那根细细的头发丝没有了，就会泄露出有外人来过这里，动过这个箱子，也就会引起间谍的警觉。波波夫就是这样，运用各种各样的反间谍手段，使自己立于不败之地。

潇洒英俊的外表、强健的身体、聪明冷静的头脑、过人的技能，以及风光体面的身份和挥金如土的奢华生活。即便同时拥有所有这一切，他依然时常要面对死里逃生的痛苦境地。波波夫在他自己的间谍生涯中遇到过各种各样的险情，但最后总是凭他自己的机智和那么一点点运气化解开，活下来。每次不起眼的接头和见面，波波夫都很谨慎。然而身为职业间谍的波波夫在接头时也会遇到令人啼笑皆非的情况，差点让他暴露。

那是在意大利米兰，在维亚芬尼多的咖啡馆里，提前到达的波波夫在露台上看着风景。这个时候，一个肥嘟嘟的男人前来同他搭讪。

“你是第一次来罗马吗？”

“不，我从前来过2次。”

“噢，不过有些地方还值得再去逛逛，我可以当你的导游。你请我喝2瓶啤酒就可以了。”

“不，谢谢……好吧，我正好有时间，我很想去参观一下梵蒂冈。”

“我就是研究梵蒂冈的专家。今天上午天气很好，我们时间还很充裕，要不要我去雇辆马车吧？”

“真是个好主意。”

男子的回答和事先规定的暗语完全一样。波波夫和这人开始了游览。男子也真的开始做起了导游。波波夫很纳闷，觉得戏也演的差不多了，怎么还不说正事。既然不说，我是不是向他要情报呢？又一想，也许这就是意大利人吧，先玩儿够了再干工作。

波波夫就安下心来欣赏美景。到了西斯廷教堂，这个男子突然把波波夫拉倒一个大柱子后面，从背心里抽出五六张照片。波波夫以为是情报，就接了过来，一看却是一些裸体女人照片。这个时候波波夫还以为照片是情报的载体，照片的背面是用密写剂处理过的情报。波波夫看看四周，然后把照片放在口袋里，微笑着说：“太好了，辛苦

暴露身份的德国间谍被执行枪决

你了！”这个男子见波波夫收下照片，非常开心，说了一句让波波夫摸不着头脑的话：“先生真是好眼力，竟然全包了，我一定给你优惠一些的，哈哈。”

波波夫问“什么优惠”，这个男人就开始大讲他手下的这些女孩儿都是来自希腊，个个都是超级棒的，极力述说这些女人如何迷人。还说，给波波夫一个大大的优惠，6个女孩儿只收100美金好了。波波夫哈哈大笑起来，原来这个来“接头”的人只是个皮条客。因为巧合，仅仅因为巧合，波波夫和他的对话竟然与暗语吻合了。

这是一次非常搞笑的接头，奇妙之处就在于这个胖胖的男子居然把暗号全都对上了。而波波夫要见面的那个人，却在咖啡馆里苦苦等了3个多小时。

黄雀在后

为了降低自己的风险，也为了能打入到敌人的核心计划——“太上皇”行动中去，通过约翰尼的牵线搭桥，波波夫认识了阿勃韦尔中一个至关重要的人物。此人叫卡姆勒，是阿勃韦尔一处的中尉情报长官。他的部分工作是对潜伏在世界各地的间谍搜集到的情报作出评价，并转送到柏林。他也是德国谍报界中最有可能接触“太上皇”计划的人，于是波波夫便想方设法地和他搞好关系。

卡姆勒是个孤芳自赏的人，他从来不屑对那些特务组长拍马屁。相反，有时候还要干扰这些人的工作，其原因就在于他太能干、又太有妒忌心了。所以他与卡斯索夫、克拉默等人的关系很不融洽。波波夫抓住他这一弱点，经常在他面前发牢骚，说卡斯索夫根本没有什么才能，只是为了保住自己的舒适职位，恬不知耻的夸耀自己而已。时间一长，卡姆勒果然把波波夫看作是可以推心置腹的人，对他几乎无话不谈。他偶尔有意无意地在波波夫面前评价一些纳粹特务，使其了解到许多幕后消息。

德军将防守重点放在了加莱海岸

波波夫的功夫没有白费，一次闲聊中，他从卡姆勒嘴里得知在葡萄牙的里斯本有一个阿勃韦尔的特殊间谍网，名叫“奥斯特罗”。这个发现一度使波波夫思想混乱，因为他原认为自己的间谍网是纳粹德国摆在西欧的唯一一张牌。看来德国人还留了一手，也许是对自己产生了怀疑，或者是想通过“奥斯特罗”来侦察自己。波波夫在前面尽心捕蝉，却有一只黄雀在身后虎视眈眈，他感到有些不安，他必须除掉这个组织，防止后院起火！

通过约翰尼的大力协助，波波夫终于查清了这个组织的活动情况。原来，奥斯特罗这个特务组织是由一个名叫卡迈普的人领导的，他领导着3名间谍，有2个人在英国，另外一个在美国，成员都有十分体面的身份和职务。这个组织蛰伏的时间很长，阿勃韦尔一直把它隐藏得很深，甚至卡斯索夫和克拉默都不能掌握其动向。他们也只听命于柏林方面的指示，不过仅由卡姆勒的秘书费罗琳充当交通员而已。

波波夫在侦察的同时，也将这一情报通告了MI6处。MI6处对此案十分重视，专门派员来里斯本协助调查。MI6很快就意识到“奥斯特罗”对“三套车”的潜在威胁：它极有可能把德国情报机关引向正确的道路，目前来看，德国情报机关对它的信任超过了对波波夫的信任，这样不仅会阻碍波波夫参加“太上皇”计划，而且早晚都要暴露。于是，英国情报当局决定清除这个组织。为了不使清除工作引起阿勃韦尔的疑心，从而进行深入调查，危及英国方面的双重间谍网，MI6决定采取借刀杀人的办法。

为了败坏“奥斯特罗”的声誉，“三套车”向柏林发出一系列得到证实了的真实情报，使之与“奥斯特罗”送去的情报形成鲜明的对比。只要“奥斯特罗”发出的情报，英国人就要根据情报的内容完全改变模样，或者取消执行这些情报的事项。这样经历了几次，“奥斯特罗”就背负了“欺骗组织、贪污经费”的罪名，最后英国人动手将这个小组除掉的时候，德国人早就不在乎他们了。

“海王星”欺骗行动

正当波波夫扫清了通往“太上皇”行动的障碍，准备打入敌人的核心机构时，从柏林的约翰尼那里传来了一个不幸的消息：德国人还有一个老资格的双重间谍网，也对波波夫产生了怀疑。得到这个间谍网的详细情况后，波波夫立即向英国情报机关作了汇报。但鉴于上次清除“奥斯特罗”的行动事后已受到德国人的怀疑，英国情报部门这次只能对此小心提防，不能将之连根拔去。这样一来，就意味着“三套车”最终丧失了打入“太上皇”行动的机会。

为了阻挠德国人的反攻策略——“太上皇”行动，英美决定尽快实施反攻计划——“海王星”计划。为了保证反攻计划的顺利进行，MI6要求波波夫按照既定谋略计划的要点行事：首先要使德国情报机关相信，反攻将在加莱海峡开始，而且在第一批部队登陆之后，紧接着就有第二批实力更强的部队在同一地区登陆。同时，在波尔多地区可能也有一股部队登陆。此外，还要像虚设假情报那样，制造假军队。要虚构三支军队，一支名叫美一军，另一支番号叫英国集团军，第三支是美国第14集团军。

为了完成任务，波波夫等人如同进行猎狗与野兔的追逐游戏那样，设置了一些细小的标记，引诱德国情报机关去追逐根本不存在的军队。他们向阿勃韦尔提供了大量有关师团的驻地、部队的调动、物资的供应、仓库的所在地、修理车间等诸如此类的情报。为了使这些假情报更能迷惑敌人，他们又掺入一些真实情报加以润色。

为了愚弄纳粹的窃听机构，波波夫又派人建立了一个高频电台，24小时连续工作，模仿虚设的部队转移情况，不停地从师团向司令部发报；为了欺骗德国空军的侦察机，他们又提供了事先伪装好的假军营，使德国人对飞机拍下来的照片深信不疑；为了使德国人更加相信他们所汇报的情况，英国人又向中立国的大使馆泄漏有关方面的消息，再由其传到阿勃韦尔的耳朵里去。

由于间谍战的辉煌业绩，同盟军以极小的代价顺利完成了“海王星”计划，使德国人的防御大业遭到彻底失败。正当英国人沉浸在胜利在望的狂热和乐观情绪之中时，波波夫又奉命回到里斯本，等待执行一项更重要的任务。

来路不明的美女

由于德国谍报部门在“海王星”计划中损失惨重，组织遭到严重破坏，急需休养生息。因此，在初到里斯本的一个多月中，波波夫轻松得简直没事可干，于是便到赌场里散散心。

有一天，波波夫正在赌场，来了一群朋友，向他打招呼问好。他们中间有一位貌似天仙、白肤棕发碧眼的比利时姑娘。他们把她介绍给波波夫，说她名叫露易丝。她伸出手来与他握手，其热情程度显然使波波夫感到与她在一起远比赌钱更为快慰。于是，他提议到酒吧去喝一杯，露易丝欣然接受邀请。

从酒吧到波波夫的房间，这是一个自然发展的过程，并没有引起波波夫对这个女人的怀疑，直到晚上欢度情海之后，露易丝看上去还是那么纯洁多情。

清晨二三点钟，特有的警觉使波波夫突然醒来，他发现自己单独一人躺在床上。波波夫顿时警觉了起来，开始留心倾听了，他听到有家里的抽屉被打开的声音。这下他明白了过来：露易丝一定是某个组织的间谍！幸好波波夫从来不在房间里放重要的文件，所以索兴让她翻了个够。

几分钟以后，露易丝踮着脚尖走进了卧室，轻轻地爬上床来，躺在他的身旁。波波夫见时机已到，翻个身说：“亲爱的，你睡不着吗？”

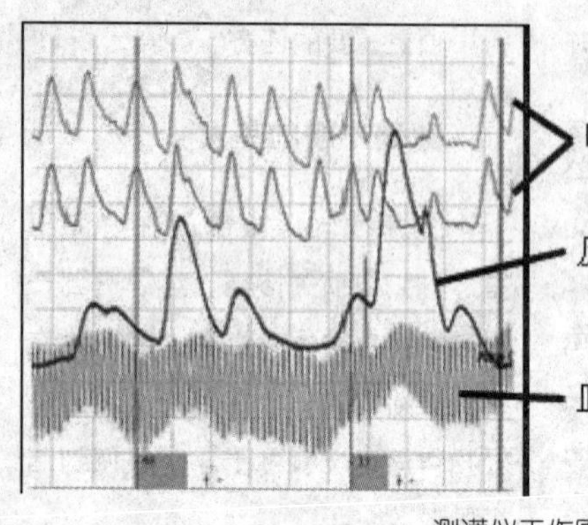

测谎仪工作原理

露易丝一惊，趴在波波夫的身上说："我不是有意要把你弄醒，我是想找支香烟。"

听了这句话，波波夫把胳膊从她身上伸过去，到床头柜里拿了一包香烟。

"呃，这里才有香烟呢，抽一支吧。不过，你在我的屋子里找什么呢？"

"真不好意思，"她喃喃地说，仍然把波波夫抱得紧紧的，"我已穷极潦倒，想找点儿钱花，我绝不是一个小偷，这是我第一次……"

波波夫闻言把她从身上推开："你应该更巧妙一些，我的外衣就在那边，口袋里装满了筹码和钱，你不是看着我把它们塞进口袋里去的吗？你只要抓一把到赌场把它们换成现钞就可以了。再说了，我从来不是一个吝啬的人。好吧，你要钱就拿吧，不过你究竟是为谁工作的？"

"你这话是什么意思？我听不懂。"露易丝很迷茫地说。

波波夫气愤之极，伸手打了她一个耳光，这个女人开始哭泣起来，但还是不肯吐露真情。波波夫非常理解她不肯吐露实情的原因，也不再逼她了，反而把她搂在怀里说："亲爱的，我先给你200美金，不要再哭了，过几天我还可以带你去意大利潇洒呢。"露易丝破涕为笑，两个人珍分惜秒，又几番云雨，欢度良宵。

测谎血浆

经过这件事，波波夫越来越感到自己处境危险，预感到德国人又要变个花样对他进行审查了。果然，过了没几天，约翰尼突然从柏林赶来，对他说："明晚你将要向反间处的施劳德和纳森斯坦汇报，还有一个从柏林来的专家米勒，他是专门来审问你的。这是我在几小时之前从密码处搞到的真实消息。到时你要汇报的情况是属于绝密级的，既重要又紧急。他们将追根究底，他们可不会象卡斯索夫那样彬彬有礼。"

"放心吧，不会出什么问题的。"

"当然，你是一只真狐狸，只要你保持清醒的头脑，你是可以用智斗取胜的。但如果他们使用测谎血浆的话，那怎么办？"

"测谎血浆？那是什么玩意儿？"

"这是新从实验室里试制出的一种妙药，叫硫喷妥纳，是一种破坏人的意志的新药。服这种药以后，据说病人就不会说假话。我带来了一点，你应该先试一下，否则你绝对过不了这一关。"

"约翰尼，你相信这种药的性能吗？你要知道各人对药物的反应是不一样的。"

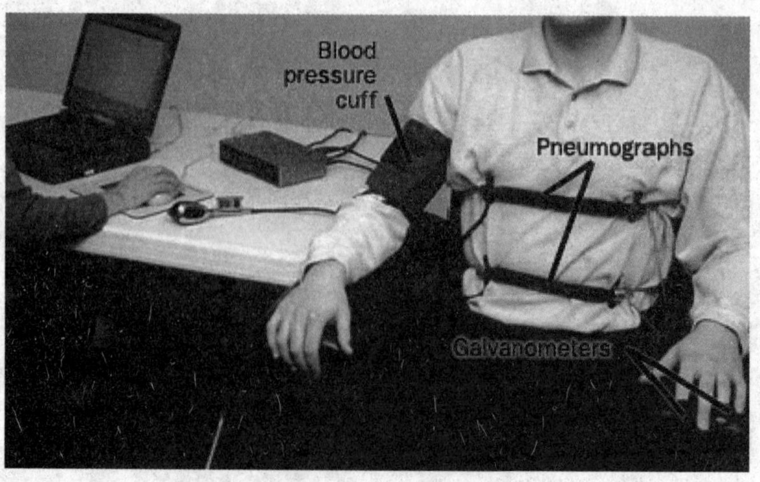

测谎仪具有极高的准确性

“我承认你对酒精的抵抗力是很强的。但这玩意儿是一种致幻剂之类的东西。”

“好吧，咱们试试吧，让我先有个准备。”波波夫有些担忧地说。

“这样最好，不过我得先喊个朋友过来帮忙。”下午3点左右，约翰尼回来了，并带来一名懂行的医生。此人对硫喷妥钠的作用颇有研究，并且对纳粹忌恨如仇。“25毫克就足够了，”医生用皮下注射器量了量剂量，“这个剂量足以使神经系统处于半麻痹状态，如果你有什么事就到隔壁的房间来找我。几分钟以后，你就会有所反应的。”

很快，波波夫便感觉头晕、恶心、想睡觉。眼前所有的事物都好像显得非常有趣而奇怪，约翰尼也显得那么可爱。当波波夫感到舌头膨胀到口腔都装不下时，对着一旁的约翰尼叫道：“约翰尼，来吧，开始吧。你就从我们戏弄那几个盖世太保的笨蛋那儿开始提问好了。”

约翰尼开始问些无关痛痒的问题，胡乱地问到波波夫的家庭、童年时代以及大学时代等情况，接着便把问题转到英国，问他在那里的活动情况和所接触过的人。

结果波波夫不是回避，就是否认，或是撒谎。虽然他说话有些困难，但回答的答案却证明他的头脑还是很好使的，看来在药力完全发作的情况下，波波夫还是能很好地控制住自己。

“你不喜欢德国人吗？”

“不。”

“不喜欢纳粹党徒吗？”

“不。”

“不喜欢希特勒吗？”

“不。”

“你为什么在奥斯兰俱乐部里那次集会捣乱呢？”

“只是闹着玩儿。”

“你自己知道你干的什么好事，你在进行政治煽动吗？”

“我当然知道，我要不知道那才怪呢。不过，不管你怎么说，反正不是什么太了不起的事情。”

这是约翰尼和波波夫之间的对话。波波夫在接受测试后的一小时，药力减退，波波夫没有透露任何不良的消息。2个小时后，波波夫又被注射了50毫升注射测谎血浆！约翰尼增加了审问难度，直接追问他是怎样为英国人工作的，这个过程又历时3个小时，波波夫还是没有透露任何不良信息，最后他晕过去了。

第二天下午5点左右，波波夫被猛地摇醒。他睁开双眼，看见约翰尼站在自己身旁，眼前摆着十分丰盛的食物。

“现在是什么时候？我表现得怎么样？”

“下午5点整。昨晚你表演得精彩极了，我正想推荐你参加奥斯卡金像奖的角逐呢！哈哈，你太棒了，看来任何诱惑都不能动摇你了，我这么了解你，一点儿情况都没从你的嘴里淘出来，那些笨蛋更不可能了。现在，你应该养精蓄锐，吃饱喝足，打起精神对付今晚的审讯。”

被注射“测谎血浆”后的反应

审讯连着审讯

当天晚上，柏林来的审讯专家

米勒少校对波被夫进行了冗长而有步骤的审查。

他对波波夫的每一句话都要进行仔细的分析，但却从来不用威胁的口吻，表面上让人感到他在设法体谅你，帮助你更好地表达自己的意思。这是一种使受审者不感到拘束的技巧，显然他是想用一些无关紧要的问题来宽慰对方。但是，接踵而来的则是包藏着祸心的问题。经过6小时的审讯，米勒才对波波夫温和地说道："你看上去似乎非常疲倦。但是，很抱歉，我们还有不少情况想向你了解。刚好，我这次从柏林一个朋友那弄了些上等吗啡，这种滋味真是赛过活神仙！咱们一人来点儿吧，也好把这讨厌的公事打发了。"

说着，便叫军医拿来了两瓶药水，并让医生先给自己注射。然后用期盼的目光注视着波波夫。波波夫明白这是德国人的花招，那支给米勒注射的药水充其量是普通药水而已，而给自己注射的却是"测谎血浆"！但事情是明摆着的：自己必须注射！

波波夫表现出十分高兴的样子接受了注射，并且赖洋洋地靠在椅子上，等着吗啡的劲上来。不一会儿，他开始感到头昏目眩，两脚无力，波波夫知道是药性上来了。波波夫故意问："这是哪来的吗啡，我怎么感觉不那么舒服呢。"

米勒关心地说："一会儿就好了，你可以看看我，我现在就感觉到吗啡的药力了。"波波夫闭上了眼睛，想趁机假装睡觉，但是米勒随即推醒了他。

这时，米勒问起了有关"太上皇"行动和德国双重间谍网被英方侦破等方面的问题。波波夫对此早作了防范，要么就说些对自己无害的话，要么就说不知道。他的头始终晕乎乎的，真想回答完问题，倒头睡一觉，不过，米勒却总能用不同的问题叫醒他。3个小时之后，米勒打消了所有的疑虑。

审讯结束后，上级对波波夫说道："希望你能答应我们去与古特曼（此人是波波夫的报务员费里克的化名）取得联系，告诉他再搜集

诺曼底登陆吹响德国纳粹灭亡的号角

些具体的情况，我们急着要，等你回到英国再搜集恐怕为时太晚了。”这席话表明德国人认为波波夫还是可以信任的，他们可能不久要再次派他回伦敦。

没过几天，德国反间谍处修改了卡斯索夫要他留在里斯本的计划，要他尽快回到伦敦去领导那里的间谍小组，并给他提供了一笔数目相当可观的经费。

完美的一生

1944年5月上旬，是一个史无前例的伟大剧作——诺曼底登陆即将上演前的彩排日子。对德国情报机关而言，他们要求的情报提纲越来越多、越来越细。提纲中所用的答案得认真编造、仔细研究，使它们与盟军的战略计划相吻合，并能取信于敌。波波夫必须通过电台发出新的情报，使盟军已经塑造好的“强大的战斗序列”形象更加伟大壮观。每一个为自由而战的双重间谍人员都以高昂的情绪工作着。一遍又一遍地进行情报的检查与校对，使之互相协调，百分之百地保证不出现一个漏洞。

然而，在这个庞大的登陆计划情报战中，数以万计的假情报终究不能圆满地相互协调统一。有时人们想极力避免失误，但是失误却依然出现了。正是这种失误，使波波夫领导的间谍网遭到了毁灭性的打击。

5月中旬的一个深夜，MI6处的人急匆匆地赶来对波波夫说：“波波夫，艺术家（约翰尼的化名）已被捕。听说是与金融走私有关，但我们都知道这不是真正的原因。总部希望你乘约翰尼还没招供之前，赶快回里斯本通知其他人员转移。”

听到这个消息，不啻五雷轰顶，波波夫禁不住一阵晕眩，他本能地感到，其他潜伏在德占区的谍报人员都会被德国人逮捕，并被严刑拷打，直到用各种卑鄙的手段结束他们的生命。波波夫星夜兼程地赶到里斯本，开始营救和组织逃亡工作。然而事实证明，一切都为时太晚，“三套车”手下的欧洲谍报人员都没能逃脱纳粹的魔爪，就连波波夫本人，在营救他的手下过程中也险些被纳粹抓获。

不过，德国也是秋后的蚂蚱，没几天蹦跶了。很快，纳粹的统治在诺曼底登陆的呐喊声中土崩瓦解了。作为插入敌人心脏的一把利刃的“三套车”的工作也停止了，他们的双面间谍生涯就此结束。

二战结束后，波波夫谢绝了英国政府提供的公民资格，在法国南部定居下来，开始写他的回忆录《间谍与反间谍》。在他1974年出版的回忆录中，波波夫对间谍生涯有这样的精彩描述：“这是一群神秘的人，他们无孔不入、无处不在，胜利了不可宣扬，失败了不能解释。我的武器就是谎言、欺骗和谋杀。但我并没有觉得内心不安，因为这只是战斗对我的考验。”

现在终于开始理解，波波夫为什么会说那句话，“如果真有那么一个詹姆斯·邦德，恐怕他在间谍舞台上难以生存48个小时。”人生如戏，戏如人生。在电影中，007历尽千难万险，总能逢凶化吉，最后抱得美人归。然而，波波夫却说“对一个真正的间谍来说，最重要的就是不露痕迹，不动声色，不被注意，不被跟踪。”

如果你想当间谍，请谨记波波夫的名言：“要使自己在风险丛生中幸存下来，最好还是不要太认真对待生活为好。”

波波夫的书出版后，立刻被追捧为007的原型，人们狂热地崇拜他、邀请他演讲。他却想安度晚年，不为外界所扰，1981年，达斯科·波波夫在睡梦中离开了这个世界。

开心一刻

牙科医生

牙科医生约翰每次给病人动手术前总要同他们谈一会儿话，尽可能解除他们的紧张感。有一次他同一位当警察的病人谈了几句后，便问他是否有什么问题。“我只有一个问题，”警察不安地说，“我从没给过你罚款单吧，是不是？”

苏联的守护神佐尔格

举止大方，气度雍容的理查德·佐尔格是二战中最富传奇色彩的人物之一。谁也不会想到，这位在东京德国使馆内有单独办公室并与使馆官员亲密无间的著名记者竟是为莫斯科工作的。德国在发动对苏战争之前他数次向莫斯科提出警告，他还对日本的军事动态作出准确判断。他的胆识和智慧一直为爱好和平的人士所称颂，被誉为“最有胆识的间谍。”理查德·佐尔格的信条是：不撬保险柜，但文件却主动送上门来；不持枪闯入密室，但门却自动为他打开。

轰动东京的抓捕

1941年10月18日，凌晨3点多钟，德国驻东京大使馆的灯突然大亮，楼内人影穿梭，进进出出的人络绎不绝，上上下下似乎乱了起来。接连三四辆小轿车疾驶而来，停在大使馆门口，四五个神色凝重的人小跑进入大使馆楼内。40分钟后，德国驻日本大使向柏林外事局发出绝密电文：“德国《法兰克福日报》驻东京特派记者理查德·佐尔格因“从事间谍活动”被日本特高课逮捕，同时被捕的还有另一名苏联人马克斯·克劳森。”

电文还说：“经查询，这个消息已由日本外务省证实，他们只说人已被捕，但此事应予保密。经再三追问，日本外务省才答复说，怀疑佐尔格和克劳森通过日本人与第三者勾结。我虽已提出要知道目前的审讯结果以便通报国内，但由于调查还在进行中，一时无从了解。”

奥特（当时的德国驻日本大使）将军听到这两人被捕的消息后，第一反应就是佐尔格掉进了日本人的圈套里。奥特在电文中说：“使馆人员和当地德国人普遍认为日本警方怀疑错人了。据我了解，佐尔格与一名接近近卫公爵集团的情报员保持联系。”当时，近卫集团刚倒阁不久。而1941年10月，正是决定远东地区是和平还是战争的日美谈判进入关键性阶段的时刻。

理查德·佐尔格

因此奥特在电文中接着说：“关于谈判进展的情况，据说属于国家机密，已落入佐尔格手中，因而佐尔格可能成为某种政治报复或政治阴谋的牺牲品，我们不能排除控告佐尔格一案背后存在着反德势力的可能性。当前东条英机兼内相，掌管警察。我已向东条首相提出要求，尽快了结此事。”

在收到东京发来的电报后，德国外事局比较审慎，首先去试探日本驻柏林大使小岛将军。他是东条首相的知己，曾代表日方促成德日友好军事同盟。

“这纯粹是司法部门和特高课的事，”小岛以公事公办的态度回答说，“根据日本惯例，特高课不受任何政治势力的影响。很自然，从外交政策观点来看，佐尔格的被捕并不是什么了不起的事。相反地，如果没有确切的理由怀疑他，警察是绝不会决定逮捕他的。”这种回答不能令人满意，也十分令人不安。经过再三询问，小岛才含糊其词地透露：很可能佐尔格被控告支持了国际共产主义的运动。

“这根本不可能！奥特大使和使馆工作人员一致怀疑对佐尔格的指控，”一位曾在东京任过职，很了解佐尔格的官员说，“在他身上根本看不出有什么共产主义倾向。”

德国人对此事十分关心，认为在这时局微妙的时刻，绝不能让这一事件危害德日军事、政治和经济的全面合作关系。

几天后，日本检察署根据对案件的初步调查结果向德国使馆提交了一份简短的照会，其内容由奥特将军电告柏林。照会说：“经我方调查核实，佐尔格本人已供认，长期以来他一直在为共产国际工作。有关案件的进一步调查正在着手进行。”这个不可思议的消息传出后，整个德国都震惊了。

在东京最受欢迎的德国人

这个消息很快在德国扩散，随后，关于佐尔格被捕的新闻就出现柏林的各大报纸上，很快，世界其他国家都纷纷转载了这一报道。一些著名记者也急忙赶赴东京，争相报道他们昔日的同行——佐尔格。

理查德·佐尔格是个博学多才的人，他拥有博士学位，曾在中国的上海为几家德国报纸工作过，一向以“中国通”而闻名。后来不知什么原因，佐尔格似乎对侵略野心不断膨胀、军事不断扩张的日本很感兴趣。1933年9月，佐尔格持着德国外交部分别写给德国驻东京大使馆和日本外务省的介绍信，风尘仆仆地来到东京。

一到东京，佐尔格就受到大使馆人员的热烈欢迎。因为佐尔格在德国是个非常有名气的人物。在第一次世界大战期间，他曾在某步兵团中服役，因为英勇作战，曾荣膺二级铁十字勋章。这个勋章是陆军士兵所能获得的最宝贵的荣誉，是一个德国陆军士兵一生的最高追求。因此，大使和武官对他都另眼看待。再加上他是《法兰克福日报》资深大记者，论资历、阅历都当之无愧，他那兢兢业业的工作作风，深受同行们的尊敬。

二级铁十字勋章

早在佐尔格抵达东京之前，东京的各大报纸就广泛地报道了他的生平，因而名噪一时，令人艳羡，许多德国访日官员、商人、学者以及记者等都竟相前来登门拜访。佐尔格在东京算得上是个颇受欢迎的头面人物。尽管他像波希米亚人那样爱出风头、自大、偏执，尤其是酒后这种性格尤为突出，这使一些德国同胞有些反感他的张狂。

由于日本远离欧洲，许多生活在东京的德国侨民们都会很长时间没有机会回国。身居世界的另一端，基本不受德国发生的事件干扰，因此，德国侨民界仍然是1933年1月希特勒执政前的德国社会的缩影，反纳粹的观点还可以谨慎地流露，驻日大使本人也以中庸的态度而著名。佐尔格却经常摆出一副局外人的极端主义的姿态，人们认为这是参加过第一次世界大战的标准德国退伍军人的表现。

不过作风严谨的德国人对这位从德国新来的人都产生了好感。总的说来，人们都认为他是个严肃而有天才的人，具有一种天生的魅力，令人亲睐，特别是非常讨女人喜欢。

这样一位杰出的记者被捕的消息一经传开，东京

“一战”德军炮兵（天空中是柏林飞艇）

的德国各界人士莫不目瞪口呆，简直不敢置信。他的德国记者同行们立即联名写信给大使，表示一致支持佐尔格，怀疑对他提出的指控。他们组织起来，往监狱给他送生活物品，并纷纷要求去探望他。

奥特将军也跟在东京的其他德国人一样，无论如何也接受不了日本官方直言不讳的说法，他认为佐尔格绝不会有间谍的嫌疑。奥特从1934年担任驻东京武官时起就与佐尔格认识。佐尔格就是大使馆的常客，也是奥特的亲信之一。他俩经常在大使馆的院子里共进早餐，一同去日本乡村旅行，一同到街头的小酒屋喝酒。

佐尔格的非凡见解和情报来源常使奥特大使很满意，并定期与其顾问们进行讨论。大使甚至把他看作一生的知己、然而佐尔格的入狱，令他十分伤心。

接触共产主义

1895年10月，理查德·佐尔格出生在高加索地区一个油田附近的小镇。他的父亲是位石油企业的工程师，为一家瑞典诺贝尔利息投资的石油公司工作。他的母亲是俄国人，比父亲年轻得多。他的父亲是个有头脑的人，当佐尔格3岁时，他依然带全家迁往德国，在柏林郊区利奇特费尔德的一个大宅院里定居，并在柏林重新找到一份体面的工作。他父亲后来成了银行家，让全家人过上了衣食无忧的生活。

算上佐尔格，家里一共有9个孩子，他是孩子当中最小的一个，在男孩子中排行第四。因为是最小的一个孩子，母亲对他的疼爱超过了前面所有的孩子。佐尔格小时候是个敏感而胆怯的孩子，他喜欢在卧室里通宵达旦地点着灯。他为人随和，哥哥姐姐们都喜欢他。佐尔格与母亲很亲近，而且终生如一，每逢母亲生日他都要寄去礼品或拍发电报给予祝贺。

佐尔格的高中时代是在利奇特费尔德度过的。那时他已是个身体强壮、精力四射的小伙子，常常为自己的体育素质感到自豪。这也许是和德国的大环境有关吧，德国是个崇尚勇武的国度，所有的男孩子都以军人为楷模，强身健体是每一个梦想成为军人的必修课。佐尔格的学业很好，他特别感兴趣的课程是历史和文字，尤其是关于战争的著作他更是爱不释手。

就在他上高中期间，第一次世界大战爆发了，和所有的热血青年一样，佐尔格自愿报名参了军，被分配到第三野战炮兵团学生旅服役。他先是在西线同法军展开激烈的炮战，后又是在东线同俄国人进行厮杀。在一次战斗中，俄国士兵冲入德军阵地，佐尔格与战友拼死反击，多次将敌人逐出阵地。在交战中，他的右腿被弹片击伤，他托着伤腿继续作战，直到战斗结束。佐尔格被送往柏林陆军医院，在住院休养期间，他集中精力学习，还回到母校参加了高中毕业考试，结果名列前茅。3个月后，他的身体康复了，他又返回原来的部队继续战斗。3周后他再次负伤，这次受伤的状况比上一次严重，两条腿都被弹片打折，留下终身残疾。由于他作战勇敢，被提升为军士，并被授予二级铁十字勋章。

佐尔格这次受伤后，被送到医疗条件更好的哥尼斯堡大学医院治疗。在那儿，来自各个战场的受伤军官和士兵很多，其中不乏一些有思想、有抱负的优秀军人，年轻的佐尔格在思想上和性格上经历了一场革命性的转变。像同时代的许多人一样，佐尔格接受过战火的洗礼，曾两次在战壕中作战，他目睹了许多同伴英勇地战死沙场，但却不知道他们究竟为什么而战。佐尔格说："我们虽然在战场上拼命，但我和我的士兵朋友们没有一个了解战争的真正目的，更谈不上它的深远意义了。"

他的思想陷入极度的混乱之中。他冥思苦想，不断地回首往事，追溯自己生活经历中的每一个细节，茫然地探索着自己的事业，但经常陷入自相矛盾的状况之中。在茫茫黑夜中，他终于接触到一次触及灵魂的思想，那就是共产主义。

佐尔格开始如饥似渴，但漫无计划地阅读有关社会主义和共产主义的经典著作。作为攀登马克思主义的阶梯，他还广泛涉猎希腊哲学家和黑格尔的作品。他的思想渐渐成熟，他觉得自己只是德国侵略的工具而已，如今，他要为自由而战。

1916年10月，养好伤的佐尔格退役了，他的双腿有些跛，已经不适合再做军人了。他重新回到学校，就读于柏林大学经济系，他的计划是"除了学习外还要参加有组织的革命运动"。1918年元月，佐尔格又转赴基尔大学求学，攻读国家法和社会学博士。他的求知欲在这里受到激发。对他一生影响最大的就是他在这里结识的科尔特·格拉契教授。格拉契是一位早年留学英国的经济学博士，对政治怀有满腔的热情，他本人则具有强烈的左翼思想，对青年人影响很大，他冷静的头脑、精湛的学识、诲人不厌的教学态度令年轻人敬爱。佐尔格所参加的学习小组常在他家中集会。

在德意志帝国势必战败的气氛中，他们热烈地讨论社会主义和共产主义学说。佐尔格的马克思主义信念更加坚定了。不久，佐尔格便加入了新成立的德国共产党。在完成他的博士论文的同时，他又积极地参与建立青年人的马克思主义学习小组、培训地方组织干部、筹建党的地下支部等工作。他的公开职务则是基尔大学的助教、煤矿工人、报纸编辑和记者等。他还作为地区代表出席德国共产党第七次代表大会。也就在这段时间里，他同克里斯蒂阿尼结了婚，她当时也在基尔大学攻读博士学位。

1923年，共产主义学说在国际上如同滚滚浪潮，席卷整个世界。这一年，莫斯科马克思主义学院院长来到德国，佐尔格在柏林和法兰克福两次与他见面，从此开始接触到苏联共产党。苏联是世界上第一个由共产党人建立的国家，成为世界各国所有共产党员心中的神圣国度，佐尔格当然也不例外。

1924年4月，德共第九次代表大会在法兰克福召开，苏联派了一个由6人组成的代表团参加，其中有苏联军事情报局即红军四局的成员。佐尔格再次与苏联共产党深入接触，这次见面是佐尔格人生旅途上的重要转折点。四局的特工人员早已注意到佐尔格的表现和他的经历，认为佐尔格是一位理想的间谍人员，经过几次谈话之后，四局的人说："你若有兴趣加入四局的话，就到莫斯科来吧。"佐尔格欣然表示同意，去苏联早已成为他人生的目标。

莫斯科的礼遇

1924年10月，经过德国共产党的精心安排，佐尔格持合法的德国学生旅行护照，携妻子途经柏林前往莫斯科旅游。

佐尔格一到莫斯科就受到了上等的礼遇。他们被安排在卢克斯饭店住下，四局局长别尔津将军亲自登门造访。初次见面，别尔津就被这位精明、富有活力的德国人所吸引。他们还一起讨论共产国际的情报来源，以及军事情报与政治情

1920年的莫斯科

报的关系等问题。佐尔格敏锐的政治头脑、渊博的国际知识、丰富的军事经验、对国际事务的精辟见解和分析都给将军留下了深刻的印象。在佐尔格看来，苏联大地上处处涌动着革命的浪潮，人们朝气蓬勃，苏联共产党又富有活力，是世界各国进步组织的中坚力量，能为这样一个组织贡献一份力量，正是他梦寐以求的事业。

大革命失败后被杀害的中国共产党员

很快，佐尔格便秘密加入苏联共产党，并被安排在红军四局共产国际情报处工作，负责收集有关各国工人运动、政治、经济、军事等方面的资料，处理和联系各国共产党的党务问题。佐尔格对这份工作颇感兴趣，他的经历、知识和智慧与这种工作亦颇为相称，他处理得非常顺手。接下来的几年，佐尔格便频频穿梭于柏林、哥本哈根、斯德哥尔摩、斯堪的纳维亚、伦敦和莫斯科之间。他的工作干得很出色，成为一颗耀眼的间谍明星，他与别尔津也成了关系要好的朋友。

德国共产党组织的武装暴动失败后，力量受到沉重打击，显得有些一蹶不振。与此同时，苏联领导人开始把注意力从欧洲转向远东地区。他们之所以这样做，是因为他们看到了中国蓬勃发展的民族革命斗争的巨大力量，看到了在不发达国家和地区建立社会主义的希望和改变世界力量的平衡的远景。尤其是中国共产党的发展壮大，已如星火燎原之势，更关键的是，中国共产党与莫斯科方面交往密切，莫斯科于是决定把情报、谍报和宣传机构的工作重点从欧洲转移到亚洲。他们期待能在中国点燃共产主义的熊熊烈火，让苏联的东部邻国成为坚强的防御堡垒，永固苏联的东部边防。

为此，莫斯科曾以共产国际的名义派遣许多间谍小组到中国来。小组成员有苏联人，也有德国人。这些小组除与中国共产党进行党务联系外，主要任务是收集有关中国政治、军事和外交方面的情报资料。莫斯科极力主张和坚持同中国国共两党合作，这样可以顺利实现苏联的政治和军事目的。

正在中国革命形势一片看好之际，1927年，国民党突然翻脸，大肆捕杀共产党员，中国大革命失败了，中国共产党人遭到血腥的残杀，苏联在中国工作的间谍小组也遭到破坏。紧接着，日本吞并中国的野心日趋明显，亚洲笼罩在战争即将来临的恐怖气氛之中。在这种情况下，莫斯科急需重整在中国的情报网，必须重新建立被破坏的间谍组织，以便掌握远东的动态。

1929年，佐尔格被召到莫斯科，经过与别尔津的几次谈话之后，别尔津便决定把佐尔格派往中国。别尔津认为，佐尔格不仅有在国外可以作为护身符的记者身份，而且他还是个训练有素的政治分析家，他那扎实而丰富的历史知识和军事经验或许有朝一日还能派上用场。

就这样，佐尔格几乎是怀着一种激动的心情去迎接他的中国之行的。他对中国悠久的历史和丰富的文化敬仰已久。他认为这次中国之行对他个人是极为重要的。况且，他已认识到亲自到远东地区开展工作的重要性，而当时仅有少数“政治观察员”能认识到这一点。

优秀的“中国通”记者

佐尔格接受任务后马上回到柏林，他需要一番准备，毕竟这次去中国要从事的工作很微妙，他需要一个合法的身份和理由，这样才能在中国畅通无阻。

佐尔格按计划去办德国政府颁发的、填有他真实姓名的合法旅行护照，然后又在柏林签定了两项合同，从而公开确定了他的自由记者身份。这两个合同，一个是与一家社会学杂志出版社签订的；一个

20世纪30年代的上海街景

是与一家农业报社签定的。佐尔格给《农业报》的经理分析，他打算研究中国的农业状况，并为该报投稿，作为他日后著书立说的基本素材。他认为中国的根本问题是农民问题，研究中国农业状况对了解整个中国具有极其重要的意义。佐尔格真是独具慧眼，报社经理对他的见解大加赞赏，并表示积极支持，并且通过一位朋友为佐尔格搞到一张由德国外交部宣传处写给上海德国总领事馆总领事的介绍信。

1929年11月，佐尔格离开柏林，途经巴黎去马赛，在那里登上一艘日本轮船，经由苏伊士、马六甲海峡和香港，于1930年元月到达上海，与他一起到达的还有他的一位随身报务员。稍后不久，四局派来协助工作的无线电技术专家马克斯·克劳森也到达上海。

20世纪30年代的上海市分为三个部分：一为上海城区；二为美、英、法、日等国共同管辖的公共租界；三为单独划分出来的法租界。上海既是中国工业的中心，长江的出海口，又是各种势力范围犬牙交错、相互重叠之地。大批洋货通过这个港口源源而来，中外投资都集中在这里。作为中国城市革命的中心，中国共产党中央委员会的总部也设在这里。由于西方爆发革命的希望破灭，上海便成为红极一时的磁场，吸引着无数向往亚洲革命胜利的欧美进步人士。因此，新闻记者、自由作家、进出口商、军火商、冒险家、职业特务、侨民、工人、难民和阴谋家，芸芸众生、三教九流、污合之众等一时云集，成为世界闻名的“远东乐园”。

佐尔格没想到上海竟然这样繁华，一点儿也不像欧洲各国描述的穷兮兮的样子，上海的壮观景象与柏林相比都不逊色，真是出乎意外。佐尔格到达上海的最初几个月里，他先持外交部的介绍信拜访德国驻上海总领事，通过领事馆又结识了德国农业报的编辑以及许多上海的德国商人和德国外交官。

20世纪30年代初中国农村

他表面上不露声色，但在暗地里却以上海为基地，着手建立情报网。一面广交朋友，寻找情报的来源，一面潜心研究中国的事务。他以采访、旅行等名目先后到广州、汉口、南京等地收集中国的情报，了解中国从城市到乡村，从经济发达地区到边远落后地区的基本情况。

一次偶然的机会，佐尔格结识了《法兰克福日报》驻远东记者、著名美国左翼人士艾格妮丝·史沫莱特女士。通过她，佐尔格物色到不少中国“助手”，也正是通过她，佐尔格结识了日本大板《朝日新闻》驻华记者，精通中国事务的日本专家大崎保积。大崎曾是东京帝国大学马克思主义学习小组的成员，对中国共产党持同情态度。他与佐尔格相识后，在多次交流中，发现双方对世界大事的看法都比较一致，很快，他就成为佐尔格的主要搭档和最佳的合作者。

1932年1月28日，日本海军陆战队在坦克的掩护下，沿上海北四川路西侧的每一条支路：靶子路、虬江路、横浜路等等，向西占领淞沪铁路防线，在天通庵车站遇到中国驻军十九路军的坚决抵抗。双方激烈交战，佐尔格慷慨激昂，他带着几分德国军人眷恋战壕的心情，深入战区实地采访，还给中国士兵分发手榴弹，鼓舞中国人积极反抗

日本海军陆战队占据上海交通要道

日本侵略。他亲身感受了中国军队的力量，并从中国方面的德国教官那里进一步得到有关中国和日本的战术情报。

上海事变后，日本夺取满洲后打算征服中国的意图暴露无遗，苏联紧急指示务必摸清日本人的下一步动作和中国的态度。佐尔格的任务变得更重了。他得设法了解日本的真正意图，详细研究日本的作战方式，了解中国政治、军事状况。佐尔格除了靠中国和日本的情报员外，还利用欧洲人给他提供情报。这主要是德国商人、领事馆官员、南京的军事顾问小组和欧洲记者。作为一位记者，他常周旋于总领事馆的社交圈子和记者联谊会之中。他从南京的德国军事顾问那里了解到南京部队的驻地、武器装备、突击师的编制、指挥官与蒋介石的关系等。依靠德国教官，加上中国助手的一臂之力，他搜集到了有关军事工业的情报，还得到了南京军火仓库的蓝图。他所收集情报大部分通过哈尔滨取道海参崴，或经广州取道香港再转送莫斯科。他这样做的目的是，提供有效的情报以便有助于共产国际制定对华政策。

1932年下半年，佐尔格突然接到命令，“速回莫斯科”。原来，根据佐尔格的情报，苏联重新分析了中日的国情，认为有必要去日本寻找某些更确切的机密。别尔津特意嘱咐佐尔格，有更重要的任务要他去干。尽管佐尔格十分不舍离开中国，他还是选择了服从命令。按他的说法：“如果不是为了崇高的事业，我将在中国一直待下去，我已深深地迷恋上这个国家了。”

不管怎么说，中国的3年之行对佐尔格来说是个经受锻炼的大好时机。离开上海时，佐尔格已是一位精通中国事务的专家，地地道道

日军在架设电话线

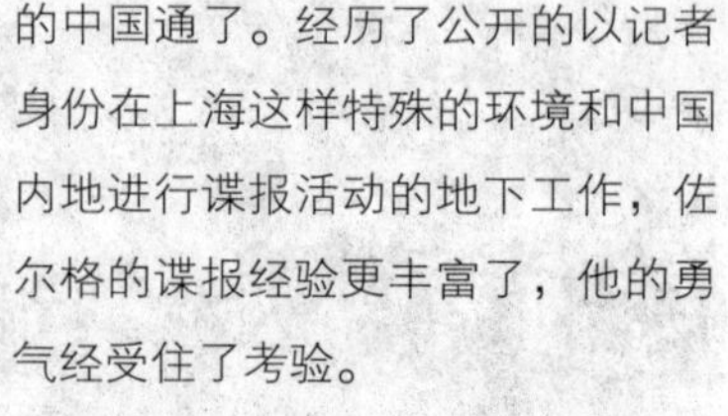

的中国通了。经历了公开的以记者身份在上海这样特殊的环境和中国内地进行谍报活动的地下工作，佐尔格的谍报经验更丰富了，他的勇气经受住了考验。

苏联人交待的新任务

佐尔格辗转来到莫斯科，他去四局总部拜见了别尔津。久别重逢的别尔津对他的到来表示热烈的欢迎，对他在中国的工作大加赞扬。当晚，别尔津邀请佐尔格到家里做客，在那里，佐尔格受到了热情的款待。席间，别尔津问起他对未来有何设想时，佐尔格没有急于表态，他说离开德国之前，他有写一本有关中国农业的书的想法，想完成这件事之后再要求安排新的工作。

第二天，别尔津到他下榻的酒店来找他，告诉佐尔格那本书可能没有时间在德国完成了，因为总部有重要任务要安排给他。别尔津很真诚地说：“日本人表现出的侵略性越来越明显，苏联远东地区正面临前所未有的危险；我们不能不对身边的恶狼没有防范，也不能对这条恶狼置之不理，我们需要一个强有力的人去日本，尽最大力量掌握日本人的一举一动。”

别尔津接着告诉他：“日本和德国最近走得很近，如果他们选择军事合作，将严重威胁苏联的安全。必须摸清日本和德国的谈判计划，日本对德国的政策，以及日本是否会进攻苏联等重要情报。”

别尔津看看佐尔格一直在认真

日军在蒙古边境驻扎大批兵力

听，又说："日本素以间谍著名，他们的特高课是个强劲的对手，要在这样一个复杂的条件下建立情报组织是一件十分困难的事，只有具备特殊素质和才能的人才能委以这样的重任，没有人比你更合适了，我们需要你。"

就这样，佐尔格去日本的任务就被明确下来。别尔津还告诉他，将给他指派两名助手，也就是佐尔格在中国的最佳搭档——无线电技术专家克劳森和日本人大崎。

接受任务以后，佐尔格像往常一样来到柏林寻找合适的掩护身份，最优先考虑的当然是"记者"这一身份了。3年来，佐尔格在《社会学杂志》和《农业报》上所发表的文章在国内产生了巨大影响，深受读者喜爱，他这次是以熟悉远东事务优秀记者的声誉回到柏林的，好几家报纸和杂志都竟相前来与佐尔格签定合同。佐尔格最后选定了影响很大的《柏林交易所报》《每日展望》《地理政治》和荷兰的《商业评论》四家报刊。

为了逃避日本苛刻的审查，佐尔格重新申请了一张德国护照，使之从履历看来，他是从中国，而不是途经莫斯科返回德国的。同时他还准备了一些身份证明文件，确保日本人不对他过去的历史追究得太多。

1933年7月，一切准备就绪。佐尔格怀里揣着介绍信、记者证和崭新的德国护照登上了旅途，他先到法国港口瑟堡，从那里乘船经纽约到横滨，于1933年秋天抵达东京。

一个强悍的民族

当佐尔格到达东京时，那里的气氛就像台风即将来临前的天气一样，黑暗，沉闷，危机四伏。政坛上接连出现几次暗杀，搞得政客们焦头烂额，有些暗杀还和日本军方有关。一年多以前，日本首相犬养毅在官邸遭一伙年轻军官的枪击；就在他到达前两个月，日本还发生了一起企图刺杀全体内阁成员的阴谋事件。

日本的老百姓似乎也吃了某种兴奋剂，他们拖家带口、争相前往"伪满洲国（中国的东三省）"做殖民开拓；没有被选派上去"伪满洲国"的家庭，就到政府那里请愿。一切都表明，中国就像一块大肥肉，只要去了，都能咬上几口，填饱肚子。

在德国人眼里，日本确实是个荒诞的国家。它在理论上是由一位神化的天皇统治着，但天皇并不能直接行使权力。因此，这个国家实际上由一个官僚机构集中掌管着大权，在重大方针政策上遵循某一军队所规定的路线。由于日本陆海空三军之间相互存在着不满，尤其是陆军内部存在着尖锐的矛盾，因而它执行的是一条目标远大，甚至是异想天开的军事路线。而这个民族又以出名的坚韧和勇于自我牺牲为荣，这就让佐尔格感到这个民族的可怕。还有日本人的礼节往往叫人费解，看不清他们的本来面目。这些日本人笑容可掬，处处彬彬有礼，即使在街头杀死一个人，也会向死者鞠躬致敬。最后，佐尔格给

日本扶植溥仪就任"伪满洲国"皇帝

日本下的定义是"这是一群崇尚强者，脸上带着笑容，背地里却捅刀子的强悍民族。"

佐尔格到达东京后的第一件事就是去拜访德国大使馆。虽然新任

让德国人热血沸腾的希特勒

大使还没上任，佐尔格还是受到使馆其他高级人员的热情接待。几个月前，一个叫希特勒的人上台了，这个人不但拥有崇高的威望，而且非常具有煽动性，凡是听了他演讲的人，无不热血沸腾，成为他忠实的信徒。佐尔格刚从德国来，大家立刻围住他，抢着向他提出种种问题，迫不急特地想了解他的祖国和希特勒的情况。佐尔格从容不迫地回答他们的提问，他的话都很有份量和独到性，显示出他是个有地位的消息灵通的人士。初次见面就给使馆官员们留下了深刻印象，他们一见如故，谈得很投机。

两天后，佐尔格拜访了外务省情报司司长天羽荣二。天羽是外务省数一数二的新闻发言人，红极一时。他每周主持一次记者招待会，只有各国驻东京的首席记者才有资格被邀请参加。与天羽会面后，佐尔格被介绍给驻东京许多知名的日本记者和外国记者。不久，东京小组的核心成员克劳森和大崎陆续来到东京。他们不定期地与佐尔格交换和分析情报。大崎当时已是日本的名人了，更重要的是，他的一位老同学是近卫的私人秘书，而近卫在内阁中是强有力的。

10月份，佐尔格吸收了宫木佑德作为小组的第四名成员，宫木是位善于收集情报的“艺术家”，他总是孜孜不倦地搜集各种情报。为了方便工作，佐尔格开始申请加入德国纳粹党，后来得到了批准。

在佐尔格看来，即使是德国人，要想直接打入神圣不可侵犯的日本政界去获取情报也是不可能的，必须从德国大使馆着手。为了获得藏在大使馆保险柜里的绝密材料，必须博得大使的绝对信任。这就是他的主攻方向，他的信条是：不把手伸向保险柜，而要让保险柜自动打开，让机密材料自动来到自己的办公桌上。

与大使和武官一起成长

1933年底，德国驻日大使到东京上任，他第一个会见的人不是日本人，而是佐尔格。在此之前，佐尔格给《每日展望》撰写的一篇有关日本的文章在德国颇受重视，大使在柏林时曾仔细地阅读过。这位记者的博学多才，他的文章材料之翔实，见解之深邃，论述之深刻无不给大使留下了极其深刻的印象。以后他又获悉，德国外交部并非完全根据大使馆的例行报告来对日本的政治状况作出判断，更多的倒是根据无所不晓、分析透彻精辟的佐尔格所写的文章。于是大使便决定，在起草致柏林的报告前先同深知日本国情的佐尔格交换资料和意见。佐尔格与使馆人员的关系本来就搞得不错，这下他在大使馆人心目中的地位更是灿若明星了。

不过，在大使馆人员中，和佐尔格关系最好的却是大使馆的武官尤金·奥特上校。佐尔格来到日本后，曾到名古屋拜访了奥特。奥特当时还是助理武官，正为没受到柏

二战前东京

林的重视而发愁，他送在柏林的报告由于内容空洞、言之无物，根本不受注意，而他本人则一心想着飞

黄腾达。佐尔格来了之后，给他带来一封来自国内好友的信，这是奥特在军校时的好友，信中对佐尔格的能力大加赞赏，认为他在人品上和政治上也完全可信，是个不可多得的人。

在这种情况下，佐尔格的光临自然受到奥特的欢迎。奥特从心底里感激他的老朋友给他推荐的这位能人。由于佐尔格显得很有教养、风趣、开朗活跃而大方，又当过兵，跟奥特一样还上过前线，这使他俩一见如故。正像佐尔格自己说的："这种友谊可能由于我曾经是一个德国军人，在第一次世界大战中打过仗，负过伤。奥特作为一名年轻的军官也参加过那次战争。"另外，奥特和佐尔格都属于同一代人，那年奥特40岁刚出头，佐尔格刚满39岁，这又使他们的交情容易得到进一步的发展。

无论在中国，还是在日本，佐尔格总是特别能跟德国军官搞好关系。他可以凭经验，海阔天空地谈论战争，既不危及他人，又不损害他的秘密使命。在与奥特的交往中，佐尔格的这种能力发挥得淋漓尽致。佐尔格经常给奥特提供关于日本军事方面的有用情报，或者是关于日本形势的精辟见解，这充实了奥特交给柏林的汇报，增加了他的份量。由于他的帮助，奥特升了官，由助理武官升为武官，并从名古屋调到了东京。奥特在东京落户后，佐尔格便成了他家里的常客。

1936年初，佐尔格发现日本的政局正面临严重的危机。日本军部中的青年军官集团势力越来越大，他们要求有权监督生产，控制财政收支和干预政治事务，并要求把日本的人力和资源用于战争。他们提出的口号是"让那些无能的政客们滚下台去。"这个青年军官集团是个极为凶恶的法西斯组织，为达到目的，他们不惜孤注一掷，以兵刃相见，甚至采取恐怖手段。佐尔格一直密切注视着这一集团的行动，根据对大崎和宫木收集到的情报的分析，他得出结论：青年军官集团正准备发动武装政变，一切取决于2月20日国会选举的结果。然而，对于这场迫在眉睫的叛乱，德国使馆却一无所知。

青年军官起事前夕，佐尔格写了一份分析报告，在这份报告还没送往莫斯科之前，他决定向德国大使、武官和助理武官通报此事。但他们三人谁都不相信，对佐尔格提供的情报未予重视。

2月26日清晨，1400多名士兵在青年军官们的指挥下冲出营房，迅速地占领了东京政府所在的几幢大楼，包括警察局和国会。与此同时，他们还袭击了首相官邸和几位显贵的公馆，首相死里逃生，而两名前首相则死于非命。

武装叛乱事件果真爆发！面对前途未卜的日本政坛，德国大使馆陷于一片慌乱，一时不知如何处置。经历此事之后，消息灵通的佐尔格的威望更高了，此后，大使和武官对佐尔格更是言听计从。

德日的密谋

佐尔格已经成功地拉开了他的情报网，现在一切就绪，他可以开始更高级的间谍行动了。他列在首位的任务就是调查德日两国关系的发展状况和日本对苏联的秘密意图。

佐尔格从奥特和大使那里获悉，迄今为止，由于日本一意孤行，很难听进德国人的建议，德

参与兵变的日本士兵

希特勒期待能与日本缔结秘密协议

日之间的秘密谈判尚未取得任何结果。有一天，喝得酩酊大醉的奥特无意中漏出了这样一句话：德日之间的谈判重新又开始了。佐尔格期待他说下去，可是新任武官的酒劲却上来就睡着了。同一天晚上，大崎通知佐尔格，英国和法国大使馆里也流传着德日恢复谈判的消息，并为此而感到紧张。第二天早晨，宫木也传来消息，证实了同样的情报。

佐尔格要求大崎和他的朋友摸清这些传闻的真实含义，自己则从德国使馆方面着手。在向莫斯科发出报告之前，他开始密切观察事态的发展。

1936年4月，佐尔格得到情报，日本驻德国大使同德国外交部就签订同盟条约一事举行过多次谈判，因日方不愿立即同德国签订军事同盟，故谈判困难重重。此后，无论从奥特还是从大使那里都捕捉不到一点有关谈判的消息，很可能谈判对他们也是保密的。

得不到最新的情报，佐尔格真是心急如焚，他不能原谅自己，想尽一切办法挖掘线索。这一天，奥特把佐尔格叫到自己的办公室告诉他，大使和他本人从日本陆军总参谋部得知，德日谈判正在柏林进行，德国外事局根本未参加谈判，谈判负责人是日本驻柏林使馆武官小岛及德国情报局局长卡纳里斯海军上将。奥特让他帮忙拟一份措辞严谨的请求报告给柏林德军司令部，要求提供有关谈判的情报，他还让佐尔格发誓，决不能把这件事告诉任何人。

佐尔格同意了，一挥而就。事后，佐尔格从奥特那里了解到许多细节情况，但总的来说，谈判仍在进行当中，结果尚不知晓。

就在这时，一件偶然的事帮了佐尔格的忙。柏林派来了一位特别信使哈克来到东京，他是代表德国外交部和卡纳里斯秘密来到东京的。他给德国驻日大使带来一个秘密指令，“在日本制造气氛，以利于达成德日同盟”。

日本艺妓为关东军募捐

佐尔格在奥特的办公室里遇到哈克。晚上，他们3人来到东京一家著名的大饭店，要了一个单间，为哈克的到来接风。几杯酒下肚，他们的话就越来越多了。哈克告诉佐尔格，他深受卡纳里斯的信任，曾参与德日谈判，并告诉佐尔格他这次东京之行的使命。

说到谈判的进展时，哈克一再叮咛佐尔格：“我所讲的可不能外传，更不能见报！”他谈到：谈判的障碍来自日本方面，因为他们不想过早地同苏联人打仗。为了签订军事同盟条约，使苏联腹背受敌，希特勒甚至同意不再提及原来属于德国，而现在被日本人占领的太平洋中一些岛屿的归属问题。为了达成这一协议，希特勒不得不给拟议中的军事同盟披上“防共协定”的外衣。所谓“同世界共产主义作斗争”，这仅仅是掩人耳目而已，实际上还是针对苏联。哈克还说，德国方面相信谈判决不会半途而废，他们会给协定附加上一些秘密条文。

情报了解到这个程度，佐尔格已经基本掌握了德日会谈的主要内容：德国希望联合日本夹击苏联。这是一个危险的信号，佐尔格当晚就将这一消息通知了苏联。就这样，在全世界知道德日两国签订

"防共协定"之前，苏联政府早就掌握其内情了。

善变的日本人

1937年，近卫文麿出任日本首相，这对佐尔格的情报小组无异于一个惊喜。因为大崎是近卫的密友和谋士，像大崎这样一位有敏锐观察力和分析能力的中国问题专家正是新首相所需要的。果然，近卫上台后组织了一个"科学协会"作为他的智囊团：特邀大崎参加，并担任了中国部的领导人。这样，大崎得以直接参与国家政治事务，并可对首相直接施加影响。此后，佐尔格获得重要机密材料的机会就更多了。比如，政府同军部政策的统一问题、军需物资生产计划和对华行动计划等。

根据对所获情报的分析，佐尔格得出结论：近期内日本不会对苏作战，但它正准备全面进攻中国。斯大林得知这一情报后，终于松了一口气。此时的远东地区，苏军力量薄弱，如果关东军发动突袭，苏军基本没有力量抵抗。

7月7日，芦沟桥事件爆发。

中国军队守卫卢沟桥

7月10日，日本首相近卫、陆相杉山及外相一起举行记者招待会，佐尔格作为外国记者也参加了招待会。会上，近卫宣布日本全面对华作战，要求新闻界支持日本的行动。佐尔格在发回莫斯科的密电中说"这一次，中国会坚决抵抗日本，令日本军队陷入中国战场，难以翻身。"

全德式装备的中国军队

莫斯科觉得佐尔格这次的结论有些过早，其实不管是莫斯科还是美欧的绝大多数观察家都认为，中国会以妥协态度结束冲突，会很快地举行停火谈判而平息这一事态。但是，1937年的夏天，中国政府不仅拒绝了日本的局部调停要求，而且开始增派部队。南京政府与中国共产党已联合起来，共同抗日。日本没预料到中国会全民抗战，一面向华北不断增兵，一面却声明不想扩大战争。种种迹象说明，日本这一次彻底激怒了中国人，他们将碰到一场恶战，直到被中国人彻底拖垮、打垮。

事实证明佐尔格又对了，他没有浮躁，而是考虑这场中日之战对德日谈判有没有影响呢？他很想知道德国对这场战争的态度，所以他问大使："我们德国是否应支持近卫？"大使把刚从柏林发来的电报给他看。电文中提到，由于日本对中国的战争牵制了日本的大部分力量，因而必然不利于进攻苏联。关于德日同盟条约的谈判一事，德国外交部宣称，他们不打算没有报偿而白白奉送礼品，由于两国意见不同，暂时无法结成同盟。大使悄悄地说："你知道吗，善变的日本人把元首惹恼了，他在酒桌上大骂日本人都是猪脑子。还有一个不可思议的消息，希特勒竟然很喜欢中国人，还力主卖武器给中国军队。我想日本人也该清醒一下了吧。"

过了些时日，佐尔格又从大使那里知道，日本竟然主动向德国提出军事同盟的请求了。日本外相还要求德国政府停止向蒋介石政府提供武器，陆相则坚持要德国从南京召回他的军事参谋人员等，如能实现这些要求，日本人可以考虑进攻苏联。

经过对来自各个方面的情报进行分析之后，佐尔格给莫斯科发送了一份密电："日本人企图在其他一些大国中制造假象，似乎他们打算对苏作战。但实际上，近期内日

中国军队装备的德式坦克

本不可能大规模进攻苏联。”斯大林参考了佐尔格的报告，决定援华抗日，让中国拖住日本，减轻日本对苏联的压力。

战争警报

1938年3月，柏林来电，提升尤金·奥特为少将，并任命他为德国驻东京大使。佐尔格的努力没有白费，他有意促成奥特的升迁，使他官运亨通，这样他才能控制德国驻日本大使馆。奥特终于如愿以偿了，他紧紧地握住佐尔格的手表示感谢。

不久，佐尔格成为德国大使馆的一名编外工作人员，他负责把柏林发来的官方电讯稿编成新闻简报。佐尔格说：“我的第一件事是把来电分门别类地加以整理。挑选较重要的新闻给使馆高级人员过目；然后着手编新闻摘要，发给侨居日本的德国人。”此外，他还编新闻通报，分发给日本的报刊。他的正式办公室设在使馆的二楼，紧挨着德国新闻社的监听室。佐尔格因干这份差事而定期从使馆获取报酬，但他不愿在使馆的编制之内，以免引起不必要的追查。大使的保险箱对他敞开了，现在，他可以随意翻看第三帝国的绝密材料，有时干脆把材料带回自己办公室拍照或收藏在自己的保险箱里。

1940年，佐尔格终于加入了纳粹党记者协会，他是以著名作家和记者的身份入会的。在此之前，他还应德国《法兰克福日报》之邀，正式成为该报驻东京的特派记者。他忠实的纳粹党记者形象终于塑成。接着，他还被任命为纳粹党日本地区的负责人。

当时，欧洲处于战争的密云之中，纳粹德国已占领了波兰和法国。德、意、日三国军事同盟条约经过几星期的谈判后已在东京签署。佐尔格知道，虽然三国军事同盟条约中没有提到缔约国同苏联的关系，但这并不意味着这几个国家不发动对苏战争。苏联处在腹背受敌的恐惧之中。

佐尔格及时研究和分析了希特勒所采用的手法：秘密备战、声东击西、突然袭击等等。在计划进攻波兰时是这样，在侵占法国前也是这样。现在大家都知道德国准备大举入侵英国，而关于苏联则无声无息。很可能希特勒又在玩弄花招，进攻英国只是一个幌子，一种战略上的伪装。真正的目的到底是什么呢？佐尔格直接问大使，但奥特什么也不知道，反正他对希特勒是绝对相信的。

这时从柏林来了一位特使，佐尔格随口问了一句：“苏联人对德国向西扩张有什么反应？”信使耸了耸肩说道：“管他有什么反应呢！反正元首已在7月会议上确定

德军进入巴黎市区

了消灭苏联有生力量的计划！”佐尔格的每一根神经立刻都被震动了。11月18日，佐尔格首次向莫斯科发出警报：希特勒准备发动对苏战争！莫斯科马上回电，要他们提供确凿的证据，仅根据特使的话是不足信的。

佐尔格尽一切可能搜集情报，并对它细加分析。这时，佐尔格与大使馆的关系充分地派上了用场，各种情报源源不断地从柏林发来。佐尔格终于发现，原来德国预定进攻英国的陆军师团都是虚假的，而且3个月前，希特勒已把第四和第十二集团军秘密调到东线苏联边境上。12月30日佐尔格又发出如下密电：“在波兰-苏联边境地区已集结了80个德国师。德国打算沿哈尔科夫-莫斯科-列宁格勒一线挺进，企图占领苏联！”1941年3月5日，莫斯科又收到佐尔格的密电：“德国已集中了9个集团军共150个师，以进攻苏联。”

接下来的两个月间，德国信使及柏林国防部的警卫人员川流不息地从欧洲来到驻东京的德国使馆，开始仅是顺便提到，继而则频频谈论德国部队从西线向苏联边境的移动，还报道德国东线防御工事已经完成等等。风声日紧，佐尔格煞费苦心地捕捉德国可能入侵苏联的任何一点迹象，无线电技术专家克劳森都一个接一个地向莫斯科发出警报。奇怪的是，这些情报莫斯科似乎并不关心，似乎也不大相信。有小道消息传来，好像是斯大林同志否决了德国将要进攻苏联的说法。

德军在苏联边境秘密集结了大量军队

谍战的巅峰之作

就在佐尔格为莫斯科的迟钝反应大伤脑筋，频频发出预警密电之际，日本特高课的报务员们越来越频繁地截获到一个身份不明的电台密电码。安装着无线电测向仪的汽车到处巡回搜索，整个东京的反间谍机关都投入了搜捕行动。大使奥特也对佐尔格提到，日本反间谍机关头子曾到使馆拜访过他。日本人因为东京有一个外国间谍网而惶惶不安，而且这个间谍组织极有可能是苏联情报机关设置的。

佐尔格深知，如此频繁地向莫斯科发报，会加速暴露自己的组织，自己也处于危险之中。但是他认为，个人的生命同千百万人的生命、同世界上第一个工农国家的安全相比，又算得了什么呢？时间已经不多了，必须加快行动。早在这场战争爆发前3个月，在与大崎的热烈辩论中，佐尔格就指出了这场战争的危险。大崎说：“如果德国需要苏联高加索的石油、乌克兰的粮食，那么苏联可能会作出经济上的让步，以求免于一战。”佐尔格回答说：“如果德国提出这种要求，苏联当然会屈服。但我所担心的是德国根本不提这类要求，而是进行突然袭击。”他强调存在着突然爆发苏德战争的极大可能性。

5月下旬，德国国防部特使抵达东京。经过与特使谈话，佐尔格发现德国对苏战争已成定局。德国决心占领乌克兰粮仓，然后利用近二百万苏联战俘从事生产，以弥补德国劳动力的短缺。希特勒确信，袭击苏联，现在恰是时候，只有进攻苏联，才能消除东线的威胁。

5月30日，德国总参谋部另派了一位军官来到东京，他带来了给大使的绝密指示：“有关德苏战争应采取的必要措施已完全确定，一切已准备就绪。德国将在6月下旬发起进攻。德军170到190个师已聚集在东线。一下最后通牒，立即进攻。红军将崩溃，苏维埃政权将在2个月内瓦解。驻日大使馆应当随时保持向日本施压的状态，以确保日本执行向苏联进攻的协议。”佐尔格随即向莫斯科发出如下电报：“德国将于6月下旬进攻苏联，这是确凿无疑的情报，所有驻日德国空军技术人员已奉命飞返德国。”

从克劳森那发出电报后，佐尔格开车回寓所，这时已是东方欲晓了。佐尔格掩饰不住心里的激动心情，也为莫斯科能够赢得宝贵的战

守护苏联的二战谍王佐尔格

备时间而开怀。走到寓所门口，他突然看到大崎。大崎直接来寓所找他，这是违反秘密工作规定的，一定是有什么紧急情况。果然，大崎告诉他："希特勒亲自接见了日本驻德大使，正式通知日本，6月22日德国将突袭苏联，要求日本于同一天在远东地区向苏联发起进攻。日本大使没有直接答复，他说在同本国政府磋商前，他不能作出任何允诺。"

佐尔格连寓所的门都没进，立即跳上车，掉头驶向克劳森的寓所，急促地对他说："快发报，快发报……德军将于1941年6月22日突袭苏联！"急电发出后，佐尔格和克劳森焦急地等待莫斯科的复电，他们全都明白这个情报的重要性，然而莫斯科方面什么答复也没有，沉默，莫斯科一直保持沉默，不作答复。佐尔格百思不得其解，无限惆怅地离开克劳森。

从6月1日开始，奥特就拉着佐尔格站在欧洲地图前，他兴致勃勃地讲解着拿破仑当年进攻俄国的路线，同时跃跃欲试地揣摸着他的元首将如何向莫斯科挺进。佐尔格敷衍着奥特，心里却焦急如焚，从机密文件中可以看到，在苏联西部边境，近百万德军机械化部队正露出锋利的牙齿……然而，莫斯科却如一潭死水，杳无音信。

佐尔格按捺不住焦急的心情，再次命令克劳森发出如下电文："再次重复：170个师组成的德国9个集团军将于6月22日不宣而战，向边境发动进攻。"这一次，莫斯科没有让他们失望，终于给他们回了一个无线电报"表示感谢"。电文中并未提及苏联政府的反应，也未提到苏联备战的字样，这令佐尔格感到有些不满。

6月22日，德国背信弃义，撕毁苏德互不侵犯条约，不宣而战，

德军大举进攻苏联

悍然发动对苏战争。这一天，在苏联的边境线上，德军装甲部队横扫苏军，德军战机如入无人之境。到傍晚时分，近千架苏联战机被击毁在机场，数十万苏联陆军被狂轰滥炸，无数防御工事被彻底摧毁……

为苏联作战失利无比心痛的佐尔格向莫斯科口授了一封电文："值此困难之际，谨向你们表示我们最良好的祝愿。我们全体人员将在这里坚持完成我们的任务。"毫无疑问，佐尔格就德国突袭苏联事先提出警告，是他的小组作出的最大贡献，他们尽最大可能挽救了苏联的命运。虽然，苏联没有认真战备，但是佐尔格小组的成就是不可磨灭的，他们所提供的无比准确和意义重大的情报是谍战史上的巅峰之作，令人叹为观止。

莫斯科的焦虑

苏德战争爆发之后，苏联陷于两难处境，一方面他们要抵御德国法西斯的疯狂进攻，同时又担心日本在远东地区趁火打劫，发动对苏战争，导致腹背受敌的局面。莫斯科陷入极度的恐慌之中。

1941年6月23日，即德国入侵苏联的第二天，德国使馆高级官员举行会议。奥特将军指示在日本的全体德国军官集中力量向日本当局施加压力，促使日本全面进攻苏联，德国武官甚至还为此制定了日本进军西伯利亚和海参崴的作战计划。尽管外相松冈4月份访问莫斯科时与苏联签署了日苏中立协定，但他不只一次地向德国保证，一旦

德苏开战，日本不能信守中立，它仍将袭击苏联。日本军方则认为，日本可能在一两个月内与苏联交战。

然而，日本方面对此的反应不一。由于2年前日本曾与苏联发生过诺门坎会战，被日本视为三军精锐的关东军竟然被朱可夫指挥的红军打的毫无还手之力，死伤无数，成为日本军方毕生恐惧的强悍对手。

就在日本的态度不明朗之际，6月26日，莫斯科电告佐尔格："告诉我们日本政府做出的有关我们国家和德苏战争的决定，日本军方因苏德战争而进行动员，并调遣部队到大陆的资料，以及有关日本军队向我们边界移动的情况。"

在此之前的3个月里，佐尔格和大崎一直专心致志地研究日本在中国东北的军事部署，他们就已收集到的日本军队的战备状态、军队的数目、驻扎地点、师长及主要军官姓名等情报逐条加以核实，勾画出一张草图，由宫木描绘制成。在这张草图的基础上，他们还着手进一步收集和修正情报。佐尔格根据已掌握的情报和近期的形势分析得出结论：日本军队已进入完全战备状态，但向苏联进攻的意图不明显。因为日本的利益集中在中国，除非苏联有明显的战败迹象，才会进攻苏联，否则日本不会挑衅苏联。

7月2日，日本政府和军队举行御前会议，天皇参加并批准了重要政策决定。陆海军制定了新作战计划，制定了北方前线与西伯利亚边境以及华南前线与太平洋的作战部署。会议通过了重要决议：日本将争取支那事件的圆满解决，但同时准备，一旦北方或南方发生紧急情况则将进行普遍动员，以便向不论哪个方向调遣军队。

日军面对强大的苏联红军仍然心有余悸

会议后一周，奥特收到日本政府有关会议决策的简要报告。大使把这一声明解释为日本的真实意图是在北方进行动员，他们将在北方增兵，进攻西伯利亚，而在南方持守势。大崎则告诉佐尔格："近卫首相的看法是，日本为支那事件忙得不可开交。由于他对正在进行的日美谈判（日本的扩张触及到美国在亚洲的利益，美国主张对日石油禁运）究竟会产生什么结果还未摸底，因此不愿与苏联交战。"

据此，佐尔格得到的印象是，日本将采取措施保住它在北方的地位，而不是真向苏联进攻，但在南方向印度支那发动进攻是无疑的。佐尔格将此看法电告了莫斯科，初步稳定了莫斯科方面的焦躁情绪。

关东军航空部队研究苏联阵地防御部署

伟大的功勋

不久，日本政府一个大规模的普遍动员计划开始了。佐尔格、大崎和莫斯科都忧心如焚，担心日本政府会把如此大规模的动员作为既成事实而加以接受，而动员本身则可能导致对苏战争。他们关心的重要问题是：各师动员起来后，准备开往何地？

大崎计划制作一张包罗万象的图表、摸清调往东北的部队数目，以及日本为进攻苏联在满洲进行准备的状况和规模。动员计划的细节由宫木提供，他可以从军队的情报员那里搜集到材料。佐尔格则负责从德国使馆搞情报。

大崎的第一批报告未免有点让人感到紧张："不难证实，日本既向北，又向南调兵，但我无法找出到南北方向去的比例。"接着，他便前往中国东北实地调查去了。来自宫木的报告也支持这种看法：“应征入伍者组成若干小组，有的人发冬装，有的人则发夏装，然后把他们分派到已经建制的部队。”接着，来自大崎和宫木的报告又补充说：“因为美日关系进一步复杂化，部队大部分将开往华南。”

佐尔格日夜苦思，勾画出了总部署的轮廓。动员分两个阶段进行，总共为两个月的时间。第一阶段为15天，计划7月8日前完成，征兵共130万人；7月底以前军队征用100万吨商船运输。佐尔格还注意到，动员进展缓慢，根本不能按计划完成。

尽管有柏林方面不断施加的压力和德国军官对日本人施加的影响，经过与土肥原、冈村两位将军的谈话后，奥特才不得不相信，日本的进攻非得等到红军溃败到日本进攻有绝对把握的时候，否则，他们决不轻举妄动。土肥原说，日本由于石油匮乏，不能参加一场旷日持久的战争，除非确信能够速战速决，否则决不发动对苏战争。

8月20日至23日，日本最高统帅部在东京召开会议，讨论对苏作战问题。会议决定当年不向苏联宣战，但有以下保留：陆军在下面两个条件得到满足时便开始作战：1.关东军力量超过红军3倍时；2.有明显迹象说明西伯利亚军队内部瓦解时。 大崎把这个情况向佐尔格作了“汇报”，佐尔格亦将此情况电告了莫斯科。

佐尔格为了分析战争而钻研日本政策、计划，其详尽无遗和准确无误，真可谓达到了尽善尽美的程度。对从7月2日御前会议到8月20至23日日本最高统帅部会议不断透露出的高级决策，他都要全面考虑，仔细加以分析。他工作之认真细致，堪称谍报活动的楷模。从春季以来，由于远东和平与战争的局势变幻莫测，佐尔格的工作更显得格外谨慎。

大崎终于完成了小组的调查任务，从中国东北回来。佐尔格对他的工作感到非常满意。佐尔格以日本春秋两次动员的调查和大崎调查报告作基础，结合日本的资源、生产、经济结构、国家财政收支和军事力量等大量数据和材料的分析，从中得出结论：日本无力进行长期的战争，不可能同时多面出击。

日本全民普遍动员

9月6日他致电莫斯科：“只要远东红军保持一定的战斗力，那么日本就不会发动进攻。”之后他又从探讨日本与美国以及日本在南方、亚洲和太平洋地区的战争与和平问题入手，加紧研究日本的意图。

1941年10月4日，佐尔格向莫斯科发出最后一封、也许是最重要的一封电报：“苏联的远东地区可以认为是安全的，来自日本方面的威胁已排除。日本不可能发动对苏战争。相反，日本将在几周内向美国开战。”莫斯科很快复电：“……对你们的工作感到非常满意，东京小组的使命已告完成，可以深度潜伏。”佐尔格和他的战友们感到无比的激动和欣慰。

军国教育从娃娃抓起

几天后，苏联最高统帅部下令从东部转移11个步兵师和坦克师，这一举动涉及25万人。军用列车一列接着一列日夜不停地调往西部西线去保卫莫斯科。幸亏有佐尔格提供的情报，这些部队才能及时增援莫斯科，使苏联乃至全世界幸免于纳粹德国的长期蹂躏。

余生岁月

就在佐尔格小组准备暂停间谍活动时，日本特高课的成员们也在加紧搜捕活跃在东京的这个间谍网。早在半年前，佐尔格的所作所为就引起了日本宪兵和特高课的注意。但日本碍于日德友好，而且佐尔格又是德国大使馆的贵宾，不敢轻易下手。

直到有一天，东京警察厅特高课将佐尔格的日本情人石井花子叫去盘问。花子说这纯粹是信口雌黄，根本没有这回事，佐尔格就是一个地地道道的记者。实际上，佐尔格也从未跟她透露过自己的真实身份。佐尔格知道石井花子被传讯后十分震惊，但表面故作镇静，并大胆而礼貌地批评警察厅打扰了一位盟国朋友，弄得警察厅长十分尴尬，只好赔礼道歉。

然而，特高课并没有就此罢休，决心从打击日本共产党入手。他们首先拘留了日共党员伊东立的管家青柳喜久代，通过她供出了北林智子，北林智子在受审时无意中提到了宫木的名字。日本当局立即逮捕宫木，宫木受刑不过，于10月12日招出佐尔格及其他小组成员。

佐尔格与石井花子合葬墓

10月14日，佐尔格接到警报，特高课正在逼近他，他决定带情人一道离开日本。不过，一个小错误使他付出了沉重代价。佐尔格没有烧毁警告他的纸条，而是将它扔在路旁吗，尾随他的秘密警察随后拾起了这张作为他罪证的纸条。

10月18日清晨，佐尔格在东京被日本警察特高课逮捕。最初，由于他的德国侨民和纳粹党员身份，日本人认为佐尔格是一名德国“阿勃韦尔”情报成员，不过，阿勃韦尔否认了佐尔格是其成员。这样一来，日本断定佐尔格是苏联间谍，虽然经受了严刑拷打，佐尔格还是否认所有与苏联的关系。由于苏联政府和佐尔格本人都否认苏联间谍的身份，佐尔格未能与日本战俘进行交换，他被监禁在巢鸭监狱。1944年11月佐尔格于东京被秘密绞死，终年49岁。

佐尔格死去20年后，也就是1964年，莫斯科当局公开了佐尔格的秘密，并于佐尔格逝世的祭日追认他为苏联的最高英雄。苏联报刊发表了许多文章，颂扬他在第二次世界大战作出的贡献。莫斯科一条大街、苏联的一艘油轮分别以“佐尔格”的名字命名。1965年春，苏联为纪念佐尔格发行了一枚面值为4戈比的纪念邮票。邮票的红色背景衬托着一枚苏联英雄勋章和佐尔格的肖像。佐尔格已经成了苏联人民心目中的英雄，他的业绩被世界所有间谍组织以传奇的方式久久颂扬。

开心一刻

听错了

一个外地游客拿一张50元的票子，在售票员面前晃着：见过没？见过没？……

卖票的傻了，干脆拿出一张100的展示了一下：你见过没？

最后才搞明白，那人是想去“建国门”！

谍报大师科恩

“摩萨德”是以色列中央情报和特殊使命局的别称，是世界上最著名的情报机构之一。他以其卓有成效的工作、雄心勃勃地胆略令人敬畏。伊利·科恩是摩萨德优秀谍报人员的杰出代表，被其主子称为无可匹敌的情报专家，享有“东方佐尔格”的美誉。他以阿根廷归来的爱国富翁的身份只身潜入叙利亚，广泛结识军政要员，出入于政府首脑机关，窃取了大量绝密的政治、军事情报。本来可以全身而退的他，却被叙利亚反间谍机关在“苏联技术专家”的协助下当场抓获……

伊利·科恩

真主无法眷恋每一个人

夜半时分，叙利亚首都大马士革的一所监狱里，值班的两个看守坐在椅子上，呆呆地望着牢房的铁门，此起彼伏的打鼾声传来，两个人只能相互对望一下，喝口咖啡，不敢有半点睡意。这里关的可都是重要的犯人，看守稍有差错就会被严厉的处罚。

突然，急促的脚步声在走廊上由远及近。也许是条件反射，所有的鼾声顿时停止，牢房里静的可怕。犯人们都惴惴不安，不知道在这个舒适的夜晚，哪个倒霉的家伙将要被执行死刑。这已经是惯例了，凡是半夜从这个牢房被带走的犯人就没有再回来的。

看守连忙用钥匙打开铁门，一群人气势汹汹的走进来，他们的身影掠过走廊的墙壁，每往前走几步，都会听到刚刚走过去的牢房里传来如释重任的喘气声和幸福的祈祷声。

他们停在一个牢房门前，看守迅速打开了这道门，里面的犯人一坐而起。他有些惊恐，却很快镇定下来。在彻夜不熄的微弱灯光下，他看见4个叙利亚士兵的身影，心中揣测道：难道又要去经受一场酷刑……当他完全清醒过来后，他又注意到审问过他的特别军事法庭庭长戴利上校和一位面容慈祥的老人也站在4个士兵身后。他们的意外光临使他预感到自己的某种不详，但他已没什么时间考虑了。

这是1965年5月18日的午夜，特别军事法庭庭长戴利上校拿出一张判决书，宣布了决定他命运的判决词：“伊利·科恩，今晚你将被处以绞刑。”

上校讲完，就向后退了一步给博士让路。这位弓着背的白胡须老人怀着悲痛的心情，用颤抖的声音读着希伯来文的祈祷文："慈悲的真主，请宽恕你的有罪的仆人吧……"科恩跟着博士小声地祈祷着。老人抑制不住自己的眼泪，泪水不断地流过面颊滴在地上。当老人不能自持而把一些祈祷文念错的时候，科恩轻声有礼貌地给他纠正着。真主不能眷恋每一个人，科恩很珍惜他留在这个世界上的最后的时光。

科恩在4名全副武装的叙利亚士兵的监管下与老人坐在一辆大卡车里出了监狱大门。这时已近凌晨两点，夜里的空气清凉、湿润。卡车穿越沉睡的城市，科恩看不见车子开往何处，但他知道自己将要被带到几百年前建成的大马士革绞刑台。

留给亲人的信

这是被判处绞刑的罪犯最后停步的地方。囚车在广场一角的警察局门口停了下来。科恩被带进警察局，在一张粗糙的木桌旁坐下。上校告诉他，如果愿意，他可以留个遗嘱或写封决别信。科恩转向正在向真主唱着单调重复的赞美诗的老人，平静地说："我没有罪过，不欠任何人的东西，我不需要留下遗嘱。但是我要对我的家庭尽最后的义务，我要给他们写封信。"

他们递给他一支笔和一张纸，他开始不慌不忙，斟字酌句地写下了最后的留言：

我的娜迪亚和亲爱的家人们：这是我写给你们的最后几句话，我恳求希望你们要一起生活下去。娜迪亚，请你宽恕我，并照顾好自己和孩子。你要设法使孩子们受到良好的教育。你自己要多加保重，要多关心孩子们，让他们不要缺这缺那。一家人要永远和睦相处。

同时，我希望你能再嫁，让孩子们也有个爸爸。你完全可以这样做。千万不要整天为已不复存在的东西哀伤。要永远向前看。

让我向你吻别，并代我向索菲、艾里斯、绍尔和家里所有的人吻别。不要忘掉他们中的任何一个人，告诉他们，我到生命的最后一刻还在思念他们。

你们不要忘了为拯救我父亲的亡灵、解救我的灵魂，而进行祈祷！

顺致我最后的吻别。祝一切安好！

他用阿拉伯文写完这封信后，就把纸推开，踌躇了片刻，又把它拿了过来。他要了一张纸用法文把这封信抄了一遍，使他的遗言不只是用阿拉伯文留存下来。上校把两封信揣入口袋，暗示士兵，科恩该上路了。

传奇间谍之死

警察局离灯光耀眼、戒备森严的广场很近。绞刑架就设在广场的中心，周围用铁丝网围着。这个广场从建立之日起，就记载着叙利亚共和国历史上无数恐怖和光荣的篇章。

就在3年前，科恩曾在这里夹杂在人群中观看叙利亚部队在加利利海的努凯卜高地战斗中缴获的以色列半履带式装甲车。而现在却是无数的市民带着惺松的睡眼从四面八方聚集到这里，紧张而急切地等候着看一看科恩。3个月前，科恩被捕之后各家报纸都对他大加渲染。对于几百万叙利亚公民来说，这个"以色列间谍大王"已成了一个具有神奇魔力的非凡人物。人们都想看一看，他到底长的什么样子。

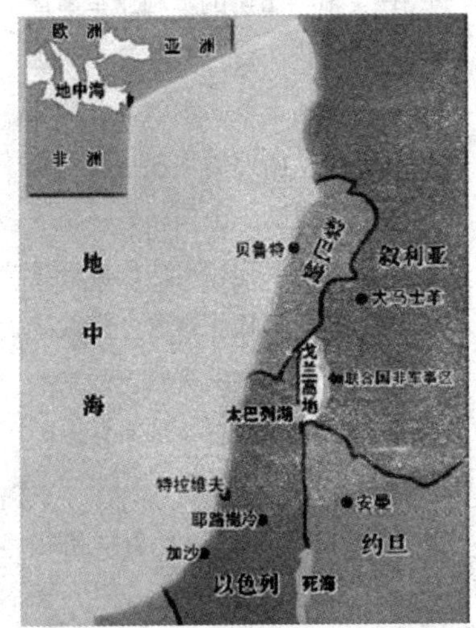

叙利亚与以色列争议地带——戈兰高地

事实上，从1962年1月至1965年1月，科恩在大马士革已成为国家的一位名人了。但谁也不会想到他是一名以色列的高级间谍。案件发生后，他就被单独囚禁起来，与外界断绝了联系，既没有来访者，也没有与律师和家人通信的权利。对他的审讯，虽然在电视上播出过部分实况，但这纯粹是官方作宣传用的，人们对这位神奇而非凡的人物充满极大的好奇心。广场聚集的人越来越多了。

在即将被处死的时刻，科恩当然不可能知道叙利亚政府的紧张和不安。最后的裁决仅仅是48小时前确定的，而且只有军队和政府中少数高级官员才知道此事。叙利亚总统阿明·哈菲兹上将命令党政军首领在大马士革随时待命。

在莫斯科出访的叙利亚军事情报部门的首脑接到通知，要在24小时内返回大马士革。叙以边境的叙利亚方面，从南部的依尔哈马到北部面向边恩村的小山丘，当晚都增加了摩托车、大炮和迫击炮等轻重型武器和增援部队。对这个超级间谍执行死刑的判决没有履行通常的法律手续，以免激起一场来自以色列的突然进攻。

科恩虽然对这些紧急防备措施一无所知，但他从防备森严的警戒系统中已感到叙利亚人的某种不安。当他走向刑台时，上校想伸手扶他一把，他明确地给予了拒绝。他的脸是苍白的，但显得很平静。

在刑台上，上校向科恩问道："你还有什么要说的吗？你在叙利亚有同伙吗？"这些问题正是他被捕以来，一直使叙利亚领导人深感烦恼而又得不到答案的问题。

科恩仍旧重复着那几句仅有的供词："我并不以为我有什么罪过，我仅仅是做了我该做的事情而已。"

随后，他转身离开上校，径直走向绞刑架。他拒绝让刽子手给他蒙上遮眼罩。老人又向他作了最后一次祈祷。

4分钟以后，刽子手向上校报告，以色列间谍伊利·科恩死了。伊利·科恩就这样结束了他那扑朔迷离的一生，他在自己的国家或在敌对的国家里都给人们留下了传奇般的形象。

换个国家"洗干净"身份

叙利亚宣布科恩死刑后边境线上一级战备

伊利·科恩1924年出生于埃及的亚历山大，并在那儿一直生活到32岁，然后才移居以色列。他从小就被父母培养成一个虔诚地信奉犹太教的孩子，曾想在当地犹太居民区当一名传教士。

同当时在埃及的大部分犹太热血青年一样，科恩很快就卷入了犹太复国主义的政治活动中。但他比别人走得更远，他加入了由塞缪尔·阿扎尔领导的一个激进的犹太人地下组织。科恩第一次去以色列，就是这个地下组织派他去的，目的是去学无线电通讯技术，以便在即将采取的"苏珊娜行动"中进行联络。

"苏珊娜行动"失败后，科恩被埃及保安机关抓去盘问，由于他能言善辩，最终使埃及人充分相信，尽管他认识阿扎尔，却与"苏珊娜行动"没有任何联系。埃及人不得不把他放了。这么一来，虽然他还在为秘密的犹太人移民组织做些工作，但以色列情报机构已不能再让他在埃及从事间谍工作了。这不仅是因为埃及人肯定会怀疑他，而且还因为一条间谍生存法则：决不能招募当地的犹太人在他的居住国充当间谍。

于是，科恩在1957年来到以色列。他最初在国防部当译员，负责翻译阿拉伯文报纸上的材料。但没多久，他就干够了这种翻译工作。对科恩而言，一方面他的爱国心是不容置疑的，另一方面他又确实感到在一个东方国家比在以色列生活得更自如。他认为，他对阿拉伯文化更感亲切，在以色列生活1年多以后，他开始怀念阿拉伯的生活方式了。

就这样，虽然他已经结婚，但摩萨德并没费什么口舌，就说服了他充当以色列的间谍人员。经过两年的刻苦训练和努力，他已完全能够胜任这一角色。

尽管派科恩回埃及已是不可能的事，但完全可以把他派到叙利亚这个非常难以渗入的阿拉伯国家去。摩萨德知道在科恩小时候全家曾迁往叙利亚的阿勒颇住过一段时间。科恩还能清楚地回忆起小时候家里人使用的叙利亚方言。

现在的问题是，科恩要想得到叙利亚人的承认，唯一的办法就是以一个叙利亚人的身份到那里去。要使一个人装成另外一个国家的居民，并且使这种伪装能够长期地而不是暂时地瞒过周围的人，绝不是件容易的事。叙利亚同埃及不一样，它是一个一贯对外国人、甚至对非叙利亚籍的阿拉伯人充满疑虑的国家，并且叙利亚人长期以来总被告诫要同外国人保持一定的距离。

耶路撒冷“哭墙”

改头换面的大商人

虽然伊利·科恩的祖辈是叙利亚的犹太人，有许多天生的有利因素，但还必须听从别人细致和耐心的教导，既不能暴露他的犹太人身份，又不能暴露他那段在埃及生活的经历。从某种程度上讲，为他精心准备的一份履历表，会有助于掩盖任何漏洞，但是不管怎么说，还得做到万无一失才行。

到1960年年底，科恩已一切准备就绪。负责领导他的摩萨德官员已为他编造了一份与其经历尽可能相近的毫无漏洞的身份证明。他改名为卡马尔·阿明·塔贝斯，1930年生于贝鲁特，父母是叙利亚人。他的家于1933年移居埃及的亚历山大市，1947年又迁到阿根廷的首都布宜诺斯艾利斯。科恩长大成人后，就在布宜诺斯艾利斯办起了一家进出口贸易公司，并因此而富裕起来。这一经历是符合那些因贫困、战乱而颠沛流离的成千上万个阿拉伯家庭的真实情况的。

仅在布宜诺斯艾利斯一地，就有50多万阿拉伯人，其中叙利亚人占很大一部分，所以科恩可以轻而易举地在这些人中间生活。如果说他的叙利亚口音还不很纯正，会引起别人的疑心的话，这也不难做出解释，因为他基本上是在埃及和拉丁美洲长大的。如果他看上去对埃及的了解比对叙利亚还多的话，那是因为他过去曾在埃及待过的缘故。唯一的问题是他只会讲几句西班牙语，不过耶路撒冷的外语速成课很快就帮助他弥补了这个不足。

1961年年初，科恩第一次用“卡马尔·阿明·塔贝斯”这个名字来到布宜诺斯艾利斯定居下来。在拉丁美洲广泛地建立他所需要的关系，同时他还按摩萨德所希望的那样同当地的叙利亚侨民接触。目的就是增加知名度，让人们熟知他。这样，当他前往大马士革的时候，他就会获得他所需要的那种能得到别人信任的资历。这些事情，科恩做得比人们预想的还要出色。

不但全方位参加社会交际，科恩还把自己包装成会做生意的大商人。

有一次，一个阿根廷当地的一个水产老板资金紧张，便向科恩借5000美金周转。他们双方商量了条件：水产老板12个月后连本带利归还10000美金，在此期间他将用两套房子作抵押。水产公司的老板刚要走，科恩叫住他：“伙计，等一等，我想起一件事，1年后你要凑足10000美金，是有困难的，你现在先付一半不是更好吗？明年就没这么大压力了。”这话使水产老板开了窍，他归还了刚刚借到手的5000美金，拿着科恩的写收据后，他轻松地离去。走到路上又想了好一阵子，然后这个老板对他的一位朋友说：“怪事，借的美元没了，房子也没了，我还欠了他5000美元，那个家伙还蛮有道理的。不过，我总觉得好像哪不对劲吧？”

这个水产老板的借贷业务，使科恩立刻出了名，全市的商界都在传颂这个高明的“借贷”过程。当水产老板带着律师和朋友来找科恩理论时，科恩又慷慨地当众把钱还给了老板，并且重新修改了借条，将本利确定为7000元。一下子减免了3000美元的利息，水产老板都不敢相信自己的眼睛，律师也没想到会这么顺利。就这样，科恩依靠摩萨德慷慨提供的大笔资金和自己的“聪明才智”，通过他的进出口贸易公司巧妙的运作，很快就成为著名的大商人，能够十分自如地往来于叙利亚上层侨民之间。

现在，科恩已在布宜诺斯艾利斯的叙利亚侨民和其他阿拉伯人中，牢固地确立了自己的地位。因此他放出风去，说是要了却毕生的一个宿愿，回到阔别已久的祖国叙利亚去看看，这可是他有生以来第一次回去。

1962年1月，科恩带着一些私人介绍信，登上了从热那亚开往贝鲁特的阿斯托里亚号客轮。他买的是头等舱，很快同船上其他阿拉伯巨商富贾交上了朋友。9天以后，他靠着在船上认识的一位有影响的叙利亚人帮助，越过了黎巴嫩-叙利亚边界，到达了目的地大马士革。几天后，他动情地对他新结识的朋友们说，他多年漂泊，现在终于回到了故土，今后就不想再离开了。叙利亚是他的老家，是他准备度过有生之年的地方。

通过从拉丁美洲带来的私信结识的朋友卡曼尔·阿尔赫申的帮助，他很快就在市中心的阿布鲁马纳区找到了一套十分雅致的公寓，正好对着叙利亚武装部队总参谋部。他非常清楚周围许多邻居肯定都是叙利亚的军官，同时，许多经销处、银行和工业公司的总部和一些大使馆也设在这里。因此，他住在这里不会引起什么怀疑。

初战告捷

科恩通过观察他的近邻——窗户对面的叙利亚总参谋部开始了他的工作。为了能探测出不寻常的迹象，他不间断地监视着进出大楼的人。在最初的几天里，他从早上8点总参谋部开始上班起，一直监视到晚上6点多，大多数军官和职员离开大楼为止。在连续监视了几个晚上之后，他注意到只有5间房子的灯是彻夜不熄的。因而，他推测那是夜间值班员住的地方，并断定这些房子是属于“军事情报作战处”的。这段时间，大马士革总的看起来是平静的，因为在总参谋部除了那5间房子之外几乎是一片漆黑，这也是风平浪静的标志。

低调了几天之后，科恩就经常与年轻的阿尔赫申见面了，并通过他的介绍认识了一些朋友。他向所有这些人、特别是那些官员们打听向欧洲出口叙利亚商品会遇到什么困难。他告诉他们自己有相当一笔钱存在瑞士和比利时的银行里，利用这笔资金和他在欧洲的关系，他打算向欧洲出口叙利亚家具和艺术珍品。渐渐地，他的交际越来越广，他到任何地方都由他的阿尔赫申介绍给大家。阿尔赫申在大马士革商人中享有极好的声誉，这样科恩理所当然地受到普遍的爱戴，人们几乎一见到他就相信他。他出口叙利亚家具和艺术珍品的计划得到了普遍的赞同和支持。

没几天，在他的门前挂出了一张招牌，写着“进出口贸易公司——塔贝斯”的字样。他那温文尔雅的举止和适度的爱国主义表现，使他获得了很多在大马上革和他相遇的人的同情和友谊。他能为以色列情报机关作出重要贡献的时机很快就来到了。

1962年3月8日晚7时，科恩听到大马士革电台广播：“今天我们英勇的士兵给犹太复国主义者以粉碎性的打击。叙利亚军队摧毁了在加利利海面上犹太复国主义者的战船，敌人遭到严重损失，他们在叙利亚军队到达前就撤退了。”

在对这条消息的确切性一无所知的情况下，他猜测到这个报道会

枪是以色列女孩最好的“饰物”

与事实有很大的出入。但可以肯定的是，叙利亚在海面上又向以色列发起挑衅了。

他立刻注意到大楼里面和附近有些异常的活动：几乎所有以前漆黑的窗子现在都彻夜通明。第二天，在见到阿尔赫申时，科恩第一次试探着和他谈叙利亚的政治和军事形势。阿尔赫申似乎并不乐意讨论这个问题，科恩很小心地结束了这个话题。

晚上他又一次在窗旁进行观察。但这次，周围一片寂静，一切都恢复了正常，灯光只从那5间通常亮着的窗子里射出来，似乎一切又恢复了平静。但他注意到，自加利利海面上的事件发生以来，大马士革街头出现的军车、特别是坦克运输车的数目增加了。科恩思考着在大马士革出现的军事动向，可能预示着即将发生突然的武装政变。但同时也还有一种可能：首都的这些军事骚乱是由于以色列边境上的紧张局势而引起的。

接下来的一天，他又惊讶地看到总参谋部所有房间的灯都亮了。连续几天晚上都是如此。科恩马上起草了一份电文发往特拉维夫："总参谋部很忙，灯连续亮了三夜。大街上有反常的部队调动，确信叙利亚军队处于戒备状态，没有任何要发生军事政变的迹象。地方报刊上充满了恶意的反以色列情绪，所有这些都应视为是直接针对以色列的。"

他的判断没有错。第二天，以色列军队从叙利亚边境前沿阵地得到的消息使他的情报得到了证实。以色列方面对此作出的反应是加强在加利利沿海阵地上的力量。3月16日，战斗爆发；第二天凌晨便结束。以色列军队大获全胜。科恩的情报很关键，很及时，初战告捷，科恩喜不胜收。

以色列坦克部队

朋友不嫌多

战斗结束后的第三天夜晚，科恩待在家里，悄悄地观察对面的情况。突然有人按门铃，打开大门，只见阿尔赫申和一个年轻的叙利亚陆军中尉出现在他的面前。科恩很吃惊，他以为自己暴露了，不禁有些气馁，一时间呆住了。

阿尔赫申察觉到他的惊异神情，于是解释道："我正巧和朋友路过这儿，看看你是否在家，想找点酒喝。"他的声音与往常一样友好。科恩连忙把两位客人让到客厅。

"我可以介绍一下我的这位好友吗？"阿尔赫申问。他似乎为有这样一位朋友而感到很自豪，接着说："马阿齐·扎赫雷丁，陆军中尉。他的叔叔是阿布德尔·卡里姆·扎赫雷丁，是叙利亚陆军总参谋长。"科恩十分清楚，阿布德尔·卡里姆·扎赫雷丁这个名字当时在叙利亚和以色列都是很出名的，他的照片经常在以色列的报纸上出现。如果真像阿尔赫申说的那样这是一次善意的访问，那么这位年轻中尉来到他的住处，真可说是上天的赐福。但他仍需弄清楚，是否仅仅是拜访，还有没有其他目的。

科恩在厨房给两位客人准备食物时，又把这事细想了一下，他的疑虑很快就消除了。因为他不时地听到阿尔赫申和中尉大声地、无所顾忌地讨论着政治和军事问题，当他回到客厅时，他们也没有改变话题。科恩拿出了一瓶好酒，又端来几份熟食，三个人兴高采烈地边喝边聊起来。

以色列士兵在叙以边境巡逻

戈兰高地是叙以双方矛盾集中爆发点

马阿齐·扎赫雷丁对科恩周游过半个地球十分崇敬和好奇，这位年轻的中尉除了曾对贝鲁特作过一次暂短的访问外，还从来没有离开过他的祖国。科恩则扮演着一个爱国主义者的角色，与这个年轻的朋友攀谈。“在阿根廷，虽富有，但也比不上在叙利亚、在我们自己的国家生活的幸福和有价值。”他用一种阿尔赫申熟悉的语调强调说，这给年轻的中尉留下了很好的印象。这位热情的爱国者又继续说道：“如果我在这里的商业事务不这样紧的话，我想，应报名自愿入伍，在对犹太复国主义作战时，必然是需要男子汉的。”

中尉没说什么，但阿尔赫申接着说：“在大马士革，局势也很严重，军队威望越来越高，一些军官可能会利用这种形势，推翻现政府。这会给国家带来新的骚乱。”马阿齐点头表示同意：“尽管我们的士兵十分英勇，但以色列在这次战斗中赢得了胜利。我只想知道我们是否能给予有力的回击。他们的空中力量是一流的，而我们则很弱小，更不必说埃及擅自拿走了那些米格飞机，拒绝归还我们。而苏联已答应给我们的飞机，还需要等很长的时间。”

科恩一边倒着酒，一边细听着每一句话，但并不流露出他的感情。他可以准确地判断出这位年轻中尉像他的叔叔一样，属于叙利亚的“德鲁斯”宗教派，他比其他许多高级官员们更了解军队的实际情况。无疑，阿尔赫申称科恩为“我的兄弟卡迈勒”，这也使马阿齐倍受鼓舞，乐意与科恩谈话。但科恩仍很小心谨慎，以免引起年轻人的怀疑。他没有提出任何不慎重的问题，只问了一个小问题：“我想，你必定对3·16战役的战场十分熟悉吧？”

这并没有使马阿齐惊讶。“问我了解这个地方吗？战斗打响前两天，我正好在视察叙利亚所有的阵地，它们就在加利利海的周围。我亲眼看见了敌人的防御工事。”他得意地说。

科恩忍不住地笑着说：“你知道，我在阿根廷总是避着犹太人，尽管那里犹太人很多。但是我很乐意看看带武器的犹太人是个什么鬼样子，即使是从远处我也乐意。”

中尉解释说，老百姓禁止进入边境的军事地带，只有极少数带着特别通行证的人才允许进入，通行证是很难弄到的，必须有这样那样的理由。“这个地区到处都是间谍。”他隐晦地补充道。他说话的语调使人感到，他是颇为了解内幕的。

科恩没有再继续追问下去，但马阿齐沉默了一会儿，又继续说：“下星期五，咱们3人一块去军事地带。你们可以乘我的小汽车，这样在军事检查哨就不会遇到什么麻烦了。”阿尔赫申并不太乐意去前线旅行。他说他大约在1年前已去过了，而科恩则取笑他说：“你是怕犹太复国主义者的子弹吧？”阿尔赫申当然极力否认。于是三个人约好等局势稍微平静些时，到前线去旅行一次。

与此同时，这个参谋长的侄子又为以色列间谍提供了一条十分重要的消息。年轻人告诉科恩，纳哈拉威旅长正和政府争吵。他说：“纳哈拉威旅长是当前叙利亚的最强硬者，他认为我们所有的部队都是没有战斗力的。我叔叔尽力劝他应该再给政府一次机会，但他不听劝告。我相信这个上校很快就会给政府带来某些变化。”

直到午夜，两位客人喝的醉醺

醺的才起身告别。科恩随即向特拉维夫发了一个密报：叙利亚空军害怕以色列空军；埃及拒绝把他们拿走的米格飞机还给叙利亚；一些叙利亚军官认为政府太软弱，其中最强硬者是纳哈拉威旅长。

对科恩来说，这真是一个不平凡的夜晚，尽管发完电报后他已疲惫不堪，但他直到破晓才入睡。

“商务”旅游

尽管边境上的局势仍然紧张，但科恩还是忙着办理进出口的业务，这样使他所扮演的角色更为可信。他已和大马士革的一些制造商和经营商接触，目的是使他们对欧洲、特别是对慕尼黑和苏黎世出口手工制品感兴趣。他小心谨慎地告诉他们，他和欧洲的一个实力雄厚的进出口公司有联系，经营的品种有桌子、古董、珠宝、各种皮革制品和各种地方产的艺术品。按照他的观点，这些物品在欧洲有较好的市场。通过合理的贸易，科恩和他的欧洲贸易伙伴的总代理人，也就是他的朋友“常驻理事”塞林杰之间频繁进行信件交往。正是通过这种通信方式科恩把搜集到的各种情报，甚至缩微胶片转交给以色列情报局。后来，家具的夹层也成了存放密件的地方。

接下来的两个月，叙利亚政治局势动荡不已。纳哈拉威旅长发动

以色列情报部门“摩萨德”标志

的政变推翻了“软弱”的旧政府，不久，一支由“自由军官”率领的军队又把纳哈拉威赶下了台。在这期间，叙以边境显得较为平静。正是通过科恩递送的情报，特拉维夫对叙利亚的政治局势了若指掌。

在这前线平静的时期，科恩和他的两位朋友阿尔赫申和马阿齐在叙利亚前沿阵地上进行了一次愉快的旅行。科恩查清了叙利亚的军事布置，如火力点、迫击炮的型号、重火力点的位置、德国式坦克以及前苏联的无后座力炮的数量和位置等，并电告了以色列“摩萨德”情报局。

1962年夏天，大马士革局势相当平静，叙利亚国内政治形势总的来说已平定下来，和以色列接壤的边境地区再没有发生武装冲突。科恩在接到让他回以色列的命令后，他告诉他的朋友阿尔赫申和马阿齐，他打算去欧洲办些商业上的事务，回国时将会给他们每个人都带个礼物。

科恩从大马士革起飞，途经苏黎世、慕尼黑，6天后回到以色列。在以色列情报局，科恩草拟出一个又一个的报告，详细地记下了他所了解的有关叙利亚政治、经济局势和军事力量方面的一切情况。他对他们想知道的所有情况，如在大马士革遇到的重要人物、每个官员的特点、有关前线补给的细节、官员们的期望等进行了详尽的报告。

科恩的上司告诉他，为安全起见，他得改用新的密码系统，他们还为他配备了一台最新式的德国发报机。上司还告诉他，除了继续搜集政治、军事方面的情报外，获取叙利亚人有关乔登河的河道改道计划也是一项主要任务。据说叙利亚政府计划使乔登河的水改道，转引向南部。这一计划正是使以色列感到烦恼，因为以色列为了改造本国沙漠，制定了一项从加利利海引水的庞大计划，到目前为止，该计划已花费了2500亿，并计划在年底还要花费4000亿。如果叙利亚引乔登河上游水的改道计划成功，那么加利利海水位就会下降，计划无法实现，以色列将会遭到沉重的打击。

科恩领受了这些任务后，又在欧洲旅游了一番，于7月底回到了大马士革。

好事成双

为庆祝自己在欧洲签了几个大订单，返回大马士革后，科恩在他的寓所举行了一次宴会。他所有

大马士革广场

的叙利亚朋友都参加了宴会，其中有阿尔赫申、马阿齐、阿尔德，还有他在去欧洲之前新结识的许多商人。宴会上科恩送给马阿齐一打丝绸领带，领带上还标着巴黎和罗马最高级商店的商标。送阿尔赫申的是从巴黎赫耳墨商店购来的精美的红色皮革面写字台，还配有一套刻有科恩名字“塔贝斯”的讲究的吸墨用具。

在这次宴会上科恩结识了叙利亚宣传和新闻部的一位高级官员——年仅32岁、担任国家广播出版局局长的乔治·塞夫，他是阿尔赫申的朋友。塞夫颇有兴致地与大家交谈，他是个性情活泼的小伙子，通晓好几种欧洲语言。显然他很高兴能与科恩相识。他对科恩的华丽住所、优裕的生活以及他的欧洲之旅都十分羡慕。甚至对科恩亲自招待他们的咖啡的一套煮法也十分倾心。

塞夫开始谈论起他的工作。他说：“我的工作主要是负责新闻界，我得参加一切官方会议。不管政府的哪个部门我都可以随便出入，在各位部长面前都很得宠。”

科恩碰上了好运，他对塞夫说，他向来很羡慕新闻界人士，他们无处不到、无事不晓、无人不识。他也曾向往能成为一个新闻记者。他用一种懊恼的口气接着说：“可是，恐怕我只能凑合当个商人了。”

“你要是对我的工作有兴趣，”塞夫说，“请在上班时间到我那儿看看。这是我的名片。”科恩对他的邀请表示十分感谢，并说有时间一定去拜访他。

这次宴会一周之后，科恩前往新闻部拜访塞夫。塞夫热情地接待了他，并把他介绍给同事们。他们在部里的餐厅喝咖啡时，科恩很自然地谈起阿根廷和他在阿根廷的叙利亚朋友，提到原驻阿使馆武官、现已返回叙利亚的哈菲兹将军。

塞夫告诉科恩，他与将军很熟，是将军的老朋友。科恩说想去拜访一下将军，对他的回国表示祝贺。塞夫说：“这事太容易了。”并答应为他们安排一次会见。塞夫说到做到，那周还没有过完，他就带科恩到将军家去登门拜访了。

当科恩衣冠楚楚地出现在将军的客厅里，当面感谢将军在阿根廷建议他返回叙利亚时，将军立即回忆起与科恩在布宜诺斯文利斯愉快的交往，并对他的来访表示欢迎。

“为了感谢您的宝贵建议，”科恩说，“我给您带来了一件小小的礼物。”他拿出一大筒在德国买的上等烟叶送给将军，他记得将军一向是抽烟斗的。他告诉将军他准备向欧洲出口大量的叙利亚工艺品，还打算动员阿根廷的叙利亚侨民到他们的祖国来进行可以赚钱的投资。将军被这位热情、老练、富有魅力的客人的言谈打动了，他赞扬科恩为叙利亚所做的努力，而且，为了表示亲近，他称科恩为“我的兄弟”。他们海阔天空地闲谈着，期间，哈菲兹谈到他对叙利亚的内政问题十分焦虑，认为只有复兴社会党这一个党能拯救国家。

将军把科恩送到门口时说出了阿拉伯人惯用的那句热情好客的话：“记住，我的家就是你的家。”科恩认为，不管怎么说，他对将军的初访有利于他今后的工作。

色友聚会

科恩与塞夫的接触越来越频繁。由于他经常去塞夫的办公室，新闻部里的门卫一眼就能把他认出来，不用他出示身份证就放他进去。塞夫与科恩很快就成了要好的朋友，他们之间的关系甚至超过了科恩与阿尔赫申和马阿齐的关系。

塞夫常在科恩的公寓里一待就是几个小时，一谈起政府内部的小道消息，就没个完。科恩事后都把这些情报都电告特拉维夫。关于一个叙利亚代表团正在苏联访问，要求苏联政府帮助叙利亚进行河流改道工作的情报，就是科恩从塞夫那里打听到的。他还从塞夫那里得知，苏联并没有拒绝这个提议，只不过不急于实施这项工程。

叙利亚特种部队士兵

在这期间，塞夫在新闻部的职权也扩大了。他被授权在政治方面监管大马士革广播电台几种语言的对外广播。科恩很快就感到，他朋友的升迁对他具有特殊重要的意义。

科恩发现塞夫的致命弱点就是沉溺于女色，于是他就总在塞夫面前讲起巴黎美女的柔情蜜意，编造一些艳遇经历。这些故事让塞夫眼馋的头脑充血，也想去欧洲尝尝新鲜。

1962年初秋，塞夫建议在科恩的寓所暗地组织一次“绝妙的宴会”，邀请他的朋友哈图姆上校及两三个与他们相好的姑娘参加。哈图姆是叙利亚精锐的伞兵部队突击队的司令。科恩非常乐意地接受了塞夫的建议，举行了宴会。塞夫带着他的女友兼秘书出席了，哈图姆的女伴则是土耳其驻大马士革使馆的一个雇员。

开始时，哈图姆相当拘谨，因为他与科恩不熟，存有戒心。他知道他的行径一旦张扬出去，他就会失掉军职和军衔。然而，科恩利用这位魁梧强健的将军自负的心理，拼命地吹捧他。几个小时以后，主人给客人灌了大量的白兰地和威士忌，坚冰被打破了，哈图姆上校感到十分自在，很快和科恩成为好朋友。

据此，科恩决定今后要在自己的寓所里继续组织这种私人聚会。第二天他买了一部电唱机和一批动听的舞曲唱片。整个冬天，这种聚会成了一种惯例。每两周塞夫和哈图姆至少要在科恩的寓所里聚会一次。科恩为他们斟酒，加饮料，换唱片，偶尔也和姑娘们跳几个舞。但他始终遵守着一条严格的规矩，即从来不与她们胡来，只与她们保持朋友关系。作为一个正在执行任务的间谍人员，他必须保持一个观察者的身份，全神贯注地竖起双耳去捕捉那位叙利亚上校和那位新闻官员所说的每一个字，因为他们二人掌握着这个国家的许多机密。

哈图姆上校直言不讳地谈了他对叙利亚当权者的看法。“胆小如鼠，优柔寡断”，当他酒意方酣的时候，他就会说，“一提起以色列，他们就吓得浑身发抖。现在是该改变这一切的时候了。”为了显示叙利亚军队的强大，他说出了叙利亚部队的全部编制情况：“我们有2个装甲师，5个步兵师，4个战斗机飞行中队。可我的突击队比所有这些部队加起来还要强。我手下的人都是些受过良好训练的硬汉子，他们决不会畏惧那些犹太复国主义者，他们为了祖国不惜牺牲自己的生命。”

对这些谈话，科恩都奉为至宝，经过整理后，这些情报他都用密电码发送出去。

“革命的狂欢”

1962年12月，叙利亚恢复了对以色列的敌对行动。他们以在加利利海岸的防区遭到破坏为借口，从那里向海上捕鱼的以色列渔民开了火。同时，在特尔卡茨基布茨，以色列农民在一块紧靠着边界争议地区的狭长地带耕种时，也遭到来自叙利亚的袭击；在北部边境靠近达恩河源头的地方，叙利亚还袭击了以色列的一支巡逻队。

局势又一次开始动荡起来。双方都准备采取极端的行动。科恩又开始忙了，他向特拉维夫一封接一封地发去电报。这一阶段，他所译成密码的电文要比早些时候多出两三倍。他发的所有情报都被立即转送给以色列军方和总理。

此后几天，整个边境地区暴雨倾盆，遍地泥泞，这似乎阻碍了叙利亚方面采取的军事行动。然而，12月20日科恩从大马士革发出的电文则说："边境驻军司令哈里里上校迫切要求发动全面进攻，大马士革政府踌躇不决，担心遭到我们的反击。"

根据这份情报，以色列军队宣布在整个北部地区进入一级战备状态。第二天，有些细微的征兆表明大马士革要停止挑衅，边境地带的拖拉机手试探着抓紧雨后初晴的日子，又开始耕种他们在边界附近的田地。这次，叙利亚方面不再开枪干扰他们的耕作了。因为大马士革注意到以色列北部地区的军队正严阵以待，以防他们再次挑起事端。

在圣诞节之夜，科恩和他的朋友乔治·塞夫和哈图姆上校之间的关系更加深了一层。一天在午餐时，塞夫压低嗓音对科恩说："哈图姆和我十分喜欢在你寓所里举行的聚会。为此，我们都非常感激你。但是，我们看你对这种乐趣不很感兴趣，你能不能把你寓所偶尔借给我们用用，时间在中午或下午5点到7点之间，结束后我们会给你打扫干净的。你看怎样？"

科恩同意了。于是他们定下来，在他们需要借用公寓的时候，科恩就把钥匙留在他的信箱里，信箱是不上锁的。塞夫只要早上打个电话来，说他或哈图姆当天要用公寓就行了。这就是科恩对他的主要情报提供者所能作的微小的报答。

叙利亚兵变

1963年春季，是叙利亚政局发生剧烈变化的时期。科恩应允塞夫和哈图姆借用他寓所之举使他赢得了他们的充分信任。2月份，哈图姆告诉他，前线军队总司令哈里里上校，这位年仅37岁的军官已全部控制了驻扎在叙利亚边境的几个师，他目前正在总参部策划一场反对大马士革文官内阁的政变。科恩通过密电把这一情况报告了特拉维夫。特拉维夫的秘密情报专家们周密地研究了这份情报的价值。虽然他们经常从大马士革这位间谍手中获得十分可靠的重要情报，但这次他们却认为，科恩关于"叙利亚可能会发生政变"的情报只不过是当地无足轻重的传言。

然而一个月后，在1963年3月8日深夜至第2日凌晨，哈图姆无意中泄露而被科恩准确预言的那场政变终于爆发了。哈里里率领军人发动了政变。政变成功后，现政权采取了与前政权截然不同的执政方式，它使叙利亚进入了一个新的阶段。同样，这位以色列间谍也进入了一个新的时期。他的朋友哈图姆上校在这次政变中起了主要作用，他指挥部队在凌晨发动了攻击，占领了面对科恩寓所的总参谋部和大马士革广播电台。

这件事使科恩得以打入那个发动政变的核心领导集团。更重要的是，他参与了那伙刚刚掌握国家命运的人的私生活。哈图姆上校结束他那麻利的夺权行动后，就立即给科恩打电话，要求借用他的寓所。"我想和几个美女开个庆功会。"他说。

政变之后，叙利亚复兴社会党掌握了政治大权。让科恩意想不到的是，哈菲兹将军在这次复兴社会党的夺权中大捞了一把，登上了新政府内政部部长的宝座，因此也成了叙利亚反间谍机构的负责人。由于这意想不到的事态的发展，科恩越来越接近叙利亚的统治核心集团。4月底，他送给哈菲兹将军一束附上他的贺信的鲜花。哈菲兹将军也热情地邀请科恩常到他的办公室来坐坐。

不久之后的一天中午，科恩和他的朋友们在寓所安排了一次大型聚会。两年后，这次聚会被称作叙利亚历史上的"革命的狂欢"。乔治·塞夫、哈图姆和其他几人参加了这次聚会。参加聚会的还有一群叙利亚姑娘以及哈图姆带来的“复兴社会党的一颗新星”——萨拉赫·戴利上校。聚会从“为复兴社会党胜利干杯”开始，以最放荡的纵欲快乐的结束。

源源不断的情报

1963年夏天，在特拉维夫，总部就如何发挥科恩的作用而犯难。一方面，总部认为他是被派到叙利亚去的间谍中最优秀的一个，他能提供第一流的政治、经济、军事情报，因此，特拉维夫当局很想向他提出更多的要求，交给他更艰巨的任务。另一方面，对这样有价值的谍报人员却必须尽量少给任务，避免暴露，不然就会使他的谍报生涯过早结束。

不管怎样，有两件非常重大的事情已迫在眉睫：第一，叙利亚改道约旦河的计划好像已进入实施阶段，这将会破坏以色列的大部分灌溉计划；第二，有根据认为叙利亚将得到前苏联提供的新式武器装备，其中包括米格-21战斗机，它比过去威胁着以色列的米格-19战斗机速度更快、战斗力更强；另外还有和埃及一样的、配备着科玛导弹的小型舰艇。特拉维夫急需科恩从他那些要员朋友们那里，探听出一切有关这些方面的情报。

在这段时间里，科恩并没有忘记把主要精力放在搞清叙利亚改道约旦河的计划上。他的上司不断来电，要求他放下一切其他工作，尽力答复这样一些问题：叙利亚改道约旦河计划的详情是什么,他们准备何时付诸实施,准备怎样实施.

苏制米格-21战斗机

科恩最可靠的情报来源是哈图姆和戴利两位上校。从这两名掌握计划内情的官员那里，他弄清了计划的大致情况。改道计划是沿着叙利亚高地（也叫戈兰高地）挖一条渠道，把巴尼亚斯河水引到约旦境内的雅穆克河里。这样，每年就从约旦河分流出1亿立方米的水。从以色列的观点来看，这是一项十分邪恶的计划，它的目的是旱死以色列。

科恩不满足已掌握的情报，他通过大马上革各阶层的熟人，接近了两名负责实施计划的人。其中一位是黎巴嫩的工程师，负责渠道的施工。科恩是在一家餐馆和哈图姆上校共进晚餐时与工程师认识的。哈图姆负责渠道的军事防务。工程师对渠道的走向作了详尽的说明：渠道沿着戈兰高地修建，全长为44英里（约合74公里）。科恩把哈图姆赞扬改道工程带来益处的话，一字不差地报告了特拉维夫：“计划的好处不仅在于叙利亚和约旦能够利用改道引来的河水，而且还在于给以色列造成巨大的损失。”

另一位对他很有用的人是一位沙特阿拉伯的公共工程承包商，他也是通过哈图姆上校结识的。承包商拥有许多美国推土机，他负责挖掘工程。科恩从他那里得到了许多从哈图姆和工程师那儿探听不到的细节。还有一份对以色列情报局最

戈兰高地上的叙利亚军队

有价值的情报，即叙利亚政府委托南斯拉夫的一家工程公司来监管这方面的工作。

花了几个月的时间，科恩逐步把零星的情报汇集起来，给他的上级提供了有关改道计划的全部详细情报，其中包括渠道结构和地形的草图；弄清渠道施工期为18个月；在巴尼亚斯河上将建设一个大水电泵站，把河水提升到800英尺（约合243米）高的渠道上去。这些有用的情报使以色列紧张起来。他们决定不惜使用任何手段来阻止计划的实施。

在这段时间，科恩曾3次有幸亲眼目睹叙利亚防御工事的规模和实力。这些工事是叙利亚军队沿着叙以边界，在俯瞰加利利海的戈兰高地上陆续建立起来的。每次，他都与马阿齐·扎赫雷丁同行。马阿齐的叔叔虽然倒台了，但他仍是预备役军官。他们巡视高地一周，观看了将把高地建成另一个马其诺防线的大型防御工程。

这位优秀的间谍发回特拉维夫的几条重要情报包括：为隐藏15英里（约合24公里）射程的苏制大炮而构筑的混泥土暗炮台的详细情报；可供装甲车和坦克行驶的数英尺深的战壕的详细情报（附科恩画的草图）；运输200辆J-54型苏制坦克的第一手资料；这些坦克主要用于对付以色列；在与以色列发生冲突时，叙利亚的军事计划，主要内容是用坦克和装甲车跨过上加利利，向以色列领土纵深挺进，切断这块领土与其他地区的联系。最后，还有4架米格-19战斗机和飞行员的详细情报以及最近才运到叙利亚的米格-21战斗机的一组照片。

这位以色列间谍依靠十分信赖他的戴利上校、哈图姆上校和马阿齐中尉获得的情报当然是关键性的。但是，上述情报也有不少材料是从国防部的其他一些军官、文职人员、那些复兴社会党上层的朋友们以及叙利亚军事情报局的局长那儿得来的。源源不断的情报大部分用密电告诉以色列情报局，一部分则是借用叙利亚出口的物品偷运到慕尼黑后才转到特拉维夫。

大意失荆州

1965年1月21日早上8点钟，伊利·科恩刚刚给特拉维夫发完一份电报。这是昨晚他和哈图姆一同进餐时，打听到哈菲兹主席召集叙利亚情报机构的上层官员开会，讨论合并巴勒斯坦组织的计划。据哈图姆讲，哈菲兹倾向于成立一支独立的巴勒斯坦突击队，在叙利亚指挥下在以色列搞破坏活动。主席建议以阿尔及利亚为榜样，改变对以色列的斗争策略，要通过巴勒斯坦人搞人民战争来收复自己失去的领土。

一块普通的石头

打开后是间谍发报机

由于间谍工作一直很顺利，科恩有些失去了警惕性。他还不知道，叙利亚情报部门经过监听，已经将目标锁定在了他所在的公寓大楼，经过排查，最后确定科恩就是潜伏的以色列间谍。

这一天，科恩坐在床上，刚发完报，正准备收起发报机。突然，公寓大门传来一声巨响。他还没来得及反应，门已被撞开了。10多名身着便衣的人冲进房间，用手枪逼着他，命令他举起手来。

科恩还不知道，已有数十名叙利亚保安人员已经包围了这个街区。指挥这次行动的是一个身材魁伟的军官，科恩认识他，他就是叙利亚反间谍机构的负责人苏米达尼上校。他冲到科恩面前："你这该死的间谍，这回可把你当场捉住了！"他并不掩饰他对间谍的义愤和获得胜利的喜悦。

就这样，这位享有"东方佐尔格"之称的以色列最优秀的间谍被捕了。就在被捕的当天晚上，在苏米达尼上校逼迫他向总部发一封内容由叙利亚军事情报机构拟定的电报时，科恩通过一个事先约定好的小小的指法变化把他落入敌手的事告诉了特拉维夫。

被捕的第3天，叙利亚新闻界正式公布这个消息：“间谍的真实姓名为伊利·科恩，是名以色列军人。”

科恩被捕后的几天内，大约有500多名与科恩有联系的叙利亚公民也相继被捕，沙伊赫·阿尔德、马阿齐·扎赫雷、乔治·塞夫亦未能幸免。不过，哈图姆和戴利两位上校却获得豁免。哈菲兹则抢先一步公布这个消息，以免自己受到科恩的影响。一时间最荒唐的谣言和报刊电台的宣传在大马士革流传开来。科恩陷入一种利害冲突和流言诽语的包围之中，处境极其危险。

全球营救科恩

得知这个消息，以色列总理艾希科尔立即在特拉维夫召集当地各家报社的社长和编辑开会，向他们转达政府的意图。他说，政府希望能在友好国家和海外知名人士的协助下拯救科恩的生命。他要求报纸不要发表进一步的有关新闻，这样政府可以多方设法，采用各种手段营救科恩。新闻界人士向总理询问了有关科恩及其活动的情况之后，同意不发表任何可能妨碍营救工作的消息。

以色列在全世界范围内发起了一场大规模营救科恩的政治战和外交战。驻各国的以色列使馆都紧急动员起来了。外交人员，

以色列在“六日战争”中取得辉煌胜利

以色列外交部和国防部的特派代表，非官方人士等都开始在各国对那些有影响的友人做工作、造舆论，以期对叙利亚政府施加压力。

不少国家的首脑和知名人士，包括罗马天主教皇保罗四世、法国总统戴高乐和总理埃德加·宫尔、加拿大总理迪芬贝克、国际红十字会及数目惊人的美国、斯堪的纳维亚半岛和南美各国的国会议员、参议员、新闻界人士及各界重要人士都向叙利亚当局发出，“对科恩免予死刑”的呼吁，但均遭到大马士革的拒绝。比利时首相胡斯曼、东欧几个共产党国家的领导人甚至亲自到大马上革请求赦免科恩，但他们的请求同样被拒之不理。

两个月后，叙利亚对科恩的审讯结束。科恩还是被判了死刑。3月7日，以色列反间谍机关在海法逮捕了为叙利亚搞谍报活动的5名叙利亚特工人员。以色列立即公布了他们的名字，并提出用他们5人再加上前些时候被逮捕并判了刑的一名叙利亚间谍来换取科恩。但叙利亚对此建议未做任何回答，他们似乎只有一个愿望，就是抓住科恩不放。直到科恩在大马上革的烈士广场被绞死后，营救活动才告结束。

一年后，即1966年，在以色列和阿拉伯人进行的那场著名的现代战争——“六日战争”中，凭借科恩提供的情报，以色列军队所向披靡，向戈兰高地发起猛攻，仅在几小时之内就占领了那个被大多数军人视为不可征服的堡垒。

这时，在以色列军事情报局的机关里，人们开始为伊利·科恩举起酒杯，以示怀念。正是他创建了那别人无法创建的功勋，才使这次进攻取得成功。在以色列人的心目中，科恩已成了一位民族英雄。

“肉馅计划”死间谍案

1943年初，二战局势开始发生明显变化，希特勒的“闪电战”再无当年之勇，一场艰苦卓绝的北非拉锯战正将这个战争狂人逐渐逼入死角。不肯轻易认输的希特勒集结兵力，准备死守欧洲大陆，与盟军决战到底。盟军的下一个登陆点到底在哪里？崇尚情报战的德国人怎么也没想到，会被一具随着海浪漂来的尸体、一份精心编造的情报、一条声东击西的妙计完全蒙骗。这一切都得归功于英国情报部门一手执导的在二战中最成功、最巧妙、最有名的“死间”谍战——“肉馅计划”！

令盟军头疼的西西里岛

1943年初，随着德意联军在北非的失利，不可战胜的“沙漠之狐”隆美尔也失去了以往的犀利攻势，盟军逐渐取得了北非战场的主动权。在地中海里，盟军军舰也开始发威，不断击沉德意的石油运输舰和军舰，抢夺制海权。

双方的军事主官都很清楚，下一步盟军的进攻重点肯定是登陆意大利，摧毁墨索里尼政权，彻底斩掉希特勒的一条臂膀，加速轴心国的灭亡。

为此，以美英两国为首，盟军召开了一次特别会议，也就是卡萨布兰卡会议。根据这次会议，盟军高级将领的眼光几乎都集中投向了一个目标上——位于地中海上的意大利最大岛屿西西里岛。西西里岛地势险要，易守难攻，是进攻意大利本土、扫清地中海交通线的主要障碍。如果能够顺利攻占，那么盟军在地中海的运输线将会安全顺畅，同时也会分散德军对苏联前线的压力，增强对意大利的压力。

罗斯福（左）与丘吉尔在卡萨布兰卡会议期间

但眼下这座面积仅有2.5万平方公里的小岛上，居然驻扎了36万骁勇善战的德军，修建了14个飞机场、近百个炮兵阵地，还配备了1400多架飞机和几千门大炮，以及无数永久性防御工事。毫无疑问，德国杰出的军事将领早就看出西西里岛的重要战略地位，早已将这个弹丸之地打造成汤池铁城，他们盘算好只要在此严防死守，就等于扼住了盟军的咽喉，盟军就无法登陆意大利。

无论是德意还是英美，他们的考虑重点都放在了西西里岛上，正如英国首相丘吉尔一语道破：“除了傻瓜，谁都会明白下一步是西西里岛。希特勒当然也很清楚这个问题。”尽管希特勒这几年在军事上总是瞎指挥，出了几招臭棋，但是他对西西里岛的战略地位还是非常清醒的。在北非战事极其不利的局面下，他都没舍得动用西西里岛上的军队增援隆美尔。隆美尔曾多次要求希特勒再派给他一到两个师，就能彻底解决北非战事，但是希特勒不为所动。他要确保德国大本营的安全，西西里岛恰好是战场前沿最关键的一个点。

虽然盟军最后在北非取得了辉煌的胜利，结束了北非战事，但是牺牲也很大，隆美尔指挥的德意联军让盟军吃尽了苦头。尤其是军事素质极高的德军士兵，更成为盟军的噩梦。盟军实在不想再和装备优良、作战顽强的德军正面交手，那无疑意味着可怕的牺牲数字。

站在北非的土地上，隔着辽阔的突尼斯海峡对面就是西西里岛，坚固的工事和精良装备的德军正严阵以待，没有哪个盟军将领愿意血战西西里岛。艾森豪威尔担忧地说：“我实在不想看到我们的士兵一排排倒在德军的枪口下。”如果让希特勒明确知道盟军的下一步登陆目标是西西里岛，那他就会继续增加兵力，盟军登陆行动将大大受阻。

盟军参谋部最后一致认为，不能硬碰，只能考虑智取：一定要让希特勒相信，由于西西里岛德军的防守力量太过强大，所以盟军打算避开德军的矛头，选择在南欧沿海其他防守力量薄弱的地区进行登陆，将德军的兵力调离西西里岛，这样才能使真正进攻西西里岛的“爱斯基摩人行动”按计划顺利实施。

为此，盟军确定了两个假进攻点：一是向东进入希腊向巴尔干推进，迂回包抄意大利；二是向西北进攻撒丁岛作为进攻法国南部的跳板，从法国进攻意大利。说白了，这就是一次冒险的调虎离山之计，是一次巨大的战略欺骗。那么，由谁来策划和导演这场迷惑人耳目的谍战大戏呢？

德军炮兵阵地

大战前的骗局

围绕这一骗局，盟军将领制定了一个比较切合实际的假的进攻方案，以达到欺骗德军的目的。巴顿一再请求作为西西里岛登陆的先锋，但是盟军更倾向于巴顿参与到配合假攻势的宣传中。盟军很快成立了专门的“导演组”，同时“编剧”、“剧务”、“化妆师”等各行各业的专家被集中在一起，共同出谋划策；当然还有一些专业的军事人员比如巴顿将军也参与其中，他们揣摩了2个多月，制订出进攻希腊和撒丁岛的假作战计划。就在按部就班构思的当口，一个更宏大的“诺曼底登陆”计划也出台了，而且也需要制造骗局欺骗德国人，无法两头顾及的“剧组”于是一分为二，将调离西西里岛德军兵力部署的任务交给了英国皇家海军情报局负责。

情报局的负责人伊凡·蒙塔古少校在服役前曾是律师，为人精明强干，且行事谨慎细致。他最善于挖掘细节，因此是最适合完成这个任务的人员。接到这个艰巨的任务后，他带领部下重新推演了所有的过程，发现很合逻辑，但是这里面有一个难点，就是如何把假情报送到德国人手里，并且让德国人深信不疑。由此，他们又花了2个月的时间来丰富和完善这个骗局。

蒙塔古与得力部下米诺一起商讨对策。米诺中尉起先并没有什么有效建议，但在与做海鲜的厨师闲聊中无意中得到启发，遂提出大胆设想：让一名溺水尸体携带伪造的机密文件，漂流到西班牙海岸；西

巴顿将军（中戴头盔者）坚定支持西西里岛登陆

班牙表面上是中立国，实际属于亲德派，肯定会密告德国，文件就会顺理成章的送到德国人手里；如果德军相信这份密件，那盟军的战略欺骗就完全达到了目的。

同时，在实施“肉馅计划”过程中，最棘手的是文件的形式和内容。形式不当，内容不巧妙，敌人也不会轻信。经过反复论证，英国谍报机构决定由英军总参谋部的实权人物皮尔德·奈副总参谋长给英国驻北非突尼斯的远征军司令部华德·亚历山大将军写一封亲笔信。

众所周知，这两位英军高级将领是一对多年的老朋友。因此，这封信就属于两位地位较高的老朋友之间亲密而非正式的个人通信。这封信的内容，一定要涉及到英军的一些高层机密，而这些机密一定又要与这两位将军有切身关系。关于西西里是英军设置的登陆作战的虚假目标一事，在信中给人的印象必须是捎带着说的，它在整封信中占的分量很轻。这样才不会引起德国人的怀疑。

丘吉尔（左）与艾森豪威尔交谈

“肉馅计划”启动

蒙塔古意识到这是条可行之计，一切都很合逻辑。他与米诺仔细商讨了每个细节之后，很快开始了行动的第一步——寻找尸体。尽管处于战争时期，但要找到一具合适的尸体并非易事。

蒙塔古在回忆录中写道：“那时，我们周围经常布满尸体，但是却没有一具是我能用的。”最后，他还是从验尸官那里发现了一具合适的男尸，死者30岁出头，刚刚死于肺炎，肺部积有液体，极易使人误认为是海水。在征得死者亲属的同意后，蒙塔古承诺对死者的真实姓名永远保密，他能透露的只是一句：“这是一个生前毫无作为的人，他一生最光辉的事情是在死后所从事的——那是件多大的好事啊！我敢说，仅此一件足以弥补他生前的一切。”

蒙塔古建议，用潜水艇把尸体送到毫无疑问会被潮水冲上岸去的海域，从而引起德国或其他国家谍报部队的注意。一定要使对方认为这具尸体是因为飞机坠落在海上淹死的，而且已经在海上漂浮多日了。法医专家从技术上对此种方法进行了论证。他们一致认为，泡在水里好几天的尸体，眼看着就要腐烂，这时采用一般的检验方法来断定死亡的时间和原因是极其困难的。

至于将尸体运送到哪一个海域，蒙塔古的意见是送到西班牙的韦尔发港口附近最合适。因为，西班牙虽然在这场战争中表面上保持中立，但实际上完全是德国的合作伙伴。其次，德国在韦尔发市设置了一个颇为活跃而又高效的谍报机关，因此，只要尸体被潮水冲出海岸去，就逃不过他们的眼睛和耳朵。

蒙塔古还推测说，西班牙人一定会把尸体上所发现的一切交给德国，但他们很可能最终会把尸体和全部文件交还给英国。这样做的结果，就迫使德国人必须在短时期内检查这些文件，因而这一欺骗战术被戳穿的几率相应也就减少了。

蒙塔古的计划不久即获得了丘吉尔、艾森豪威尔、华盛顿的联合总参部以及伦敦总参谋部的批准。尤其是丘吉尔，他特别欣赏这一计划。因为他认为，德国现在已经预料到进攻西西里岛的行动，因此，如果计划成功，那就能改变盟军登陆行动的结果；即使计划失败，也不会带来什么危害。

正式启动这个计划的文件很快批下来，上级还给这次行动取了一个好听的名字——“肉馅计划”，并明确了一些实施要领，要求蒙塔古在细节上下大功夫：

1.尸体约35岁，身高1.85米，体重187磅，无外伤，肺部有少量积水。

2.把装有密件的文件袋系在尸体的腰带上，造成飞机失事保护文件的假象。

3.把尸体装入特别容器内，里面塞满冰块，重量400磅。容器外面用油漆漆上“光学机械”字样，对潜艇乘务员要保密行动，只通知道要试验新式武器。

4.预先知道本计划的人，只限于直布罗陀军港的谍报处长和潜艇艇长。

5.计算好潮汐，用潜艇把尸体运到韦尔发港，抛弃尸体。

6.计划实施后，回电：“‘肉馅计划’实施完毕。”

为了给德军造成调查上的困难，蒙塔古精心为死者挑选了一个大众化的姓名：威廉·马丁，并为他制作了贴有照片的军官证。为了拍摄这张照片，他们费了好大劲儿，最后找到一位与“马丁少校”相貌极为相似的青年军官，把给他拍的照片贴到了“马丁少校”的身份证上。万事俱备，只欠东风了。

“肉馅”的光荣使命

为了使这一欺骗战术做到万无一失，蒙塔古他们又对这一计划的每一步行动、每一个细节都作了最周密的考虑和安排。从头到尾一推演，蒙塔古又发现了一个天大的漏洞，他提出了当天需要解决的问题：“德国人见到了尸体，首先会产生的一个问题就是，‘一个英国海军陆战队的军官，为什么从伦敦到北非去旅行？’这就是说，我们如果不把这个问题解决好。德国人就会察觉到这是一个阴谋。”

大家围绕这个问题进行了认真的讨论，最后一致认为，必须赋予“马丁少校”比单纯传递一封私人信件更多的任务，而且一定要是公务。

为了避免太过招摇，蒙塔古最后将马丁定为“联合作战司令部参谋，皇家海军陆战队上尉（战时少校军衔）威廉·马丁，09560号”，按照预想，马丁少校是坦克登陆艇专家，正准备去阿尔及尔解决问题。

蒙塔古劝说英国参谋总部的副总参谋长奈尔将军给在北非指挥作战的亚历山大将军写一封私人信件，内容为：“我们一直想以西西里岛作为‘爱斯基摩人行动’的烟幕，但西西里岛已决定用做‘硫磺行动’的烟幕。你注意在‘硫磺行动’开始后进攻撒丁，令空军猛烈轰击西西里岛，故作假象，使敌军认为我方当真要在西西里岛登陆。这样，西西里岛用做‘硫磺行动’的烟幕，敌军更易上当。”

此外，蒙塔古和他的同事还为“马丁少校”伪造了许多私人信件和物品。他们在他的口袋里放进一张取名为帕姆的未婚妻的照片，同时还放进一张用信贷方式在伦敦有名的珠宝商店选购的戒指的提货单、购买订婚戒指用的发票等等。每封情书被不断地折叠又打开，看上去好像已经反复阅读过很多次，而且仔细签署了日期。银行收支单和存根上的日期与尸体的腐烂程度也相吻合，之所以行事这么慎密，蒙塔古就是想让德国军队认为，马丁于4月24日左右离开伦敦，到被发现时已经在海上漂流四五天了。

他们还为“马丁少校”伪造了一封父亲的来信。这封信建议“马丁”就未来的婚姻问题跟伦敦的马丁家的律师商量一下。同时，“马丁”的口袋里还附有他与律师的来往信件。

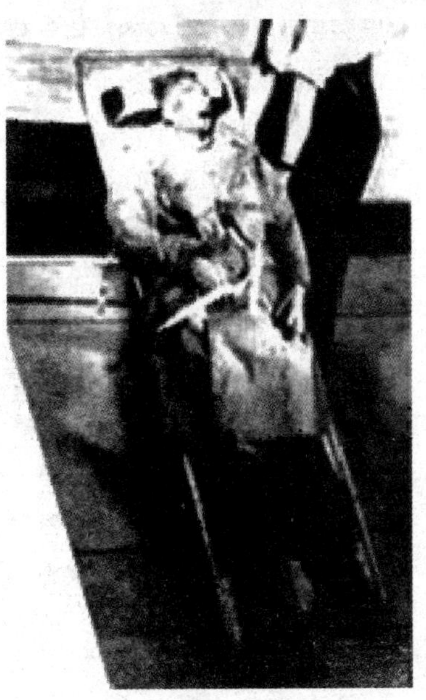

“溺水身亡”的马丁少校

为了使这些信件非常可靠地落到德国人的手中，蒙塔古和他的同事们认为，把这些信件放进文件包里，比装在内衣口袋里更保险，也更能引起人们的注意。因此，他们决定让“马丁少校”再带去一份蒙巴顿寄给北非的艾森豪威尔将军的有关志愿军的正式小册子的样本。蒙巴顿在一封信中要求艾森豪威尔为这本小册子的美国版写一篇祝词。这些文件都放进了文件包，文件包则用一根链条系在“马丁少校”的腰带上。死者风衣内的上衣是标准的皇家海军陆战队服装，里面是件旧战斗服和衬衣。

一切准备就绪，1943年4月30日，英国的“六翼天使”号潜艇载着这具精心包装过的尸体缓缓浮出水面。紧接着，尸体被抛入海中，随着海面上流行的西南风，一波一波层层荡远。马丁少校的尸体先被一位渔民发现，他丝毫不敢耽搁，将尸体转交给驻地海军。

5月3日，马德里的英国大使馆海军武官接到通知说，韦尔发附近的渔民发现了英国海军陆战队“马丁少校”的尸体。那具尸体已经被送到了当地的殡仪馆里，等待英国人做最后的决定：是埋葬还是运回国内。至于文件包的事却是一句也没有提到。海军武官拍来密电告知后方：“‘肉馅’计划实施完毕。”同时，英国大使馆派人前去处理善后事宜。

英国女谍训练照

无懈可击的骗局

当英国大使馆副领事向西班牙人索要“马丁少校”的“遗物”时，西班牙却以办理各种必要的司法手续为由百般拖延。趁这空当，他们暗地里将尸体与公文包秘密交给了德国驻西班牙的情报机关首脑海尔·连兹。海尔·连兹一边令人仔细检查各种遗留物，一边令人将尸体秘密送往西班牙的华尔斯医院检验。

马丁少校所有的遗留物包括一张银行透支单、一封寄自劳埃德银行的催款信、两张向邦德街的国际珠宝商菲普斯赊购订婚戒指的提货单和发票、两封情书、一个海军证件、两张电影票、一张联合司令部通行证，还有5英镑、3英镑钞票各一张、一串钥匙、一块手表、一个笔记本、一盒火柴、半包香烟外加两张公共汽车票。这些东西无一例外地全被海尔·连兹取证、拍照。

医院方面在德国谍报人员的监督下，解剖结果也很快出来了：“尸体系活着坠海溺死，肺部有少量海水，估计尸体在海上漂流了3至5天。”直到这一系列检查工作进行完毕，西班牙才将“马丁少校”的尸体及其遗物正式移交给英国。

英国情报人员收到后，经过仔细检查，在显微镜下发现信口的皱痕已作改动，也就是说，密件已被德国人用盐水软化纸张的技术拆开过。这无疑是个好消息，蒙塔古非常高兴。潜伏在德国的间谍立即行动起来，密切关注着德国的一举一动。

德军不久即有了反应，德国最高统帅部经过反复研究后认为：“马丁少校的身份很重要，所携带信件比较真实，有重大价值和高度准确性。”但是德国统帅部并没有盲目相信，而是作了如下批示：“事关战局，慎重调查马丁少校。”

于是，潜伏在英国的德国特工赫德展开了调查行动，他先是核实那枚订婚戒指的提货单、发票和两张电影票，再查对了“马丁少校”在劳埃德银行97英镑19先令2便士的欠款，随后又彻底而秘密地侦查了死者的住处。由于英国情报机关事先已作出周密布置，在赫德看来，一切都是那么自然。现在，赫德最后的调查对象就是写那两封情书的少校的女朋友。但他一个小小特工的例行核查，怎能算得过蒙塔古。一切都在意料之中，蒙塔古这次安排出场的是里茨代尔夫人。

里茨代尔夫人原名维多丽娅·贝内特，她曾与“007”的作者伊恩·弗莱明一起为英国情报部门供职两年，是一名优秀特工。这次，维多丽娅冒充“马丁少校”的女朋友，她早就在少校住处预留下多封情书、相片、女人的衣物、鞋子，以及凌乱的厨房。当她知道赫德跟踪自己时，为了引起德国间谍的注意，她还在邮局因为排队时间太长而大声叫嚷着要给自己在北非的情人发电报。此时的她还“不知道”自己的男友已经遇难。

英国情报部门天衣无缝的安排让赫德找不出一点漏洞，他无法不相信“马丁少校”确有其人。于是，这位德国特工在逐项印证了“马丁少校”的一切背景情况后，越来越确信自己的调查结果，他向柏林发出了一组关键密电：“‘马丁事件’是真的！狼。”

蒙塔古的“肉馅行动”计划到此显然还未结束：根据英国方面的要求，西班牙当局以军葬仪式在韦尔发的一处公共墓地隆重安葬了“马丁少校”，他的“未婚妻”闻之男友的死讯后，也从伦敦航邮来一个花圈，并附上一张悲痛欲绝的纪念明信片。与此同时，英国海军公证司伤亡处也把“马丁少校”的名字登在阵亡将士登记册上。6月14日，《泰晤士报》还公布了一批包括“马丁少校”在内的阵亡将士名单，并发出讣告。

好戏上演

事实上，正如英国人所希望的那样，“马丁少校”的尸体被西班牙人发现之后，当天就把文件包送到了德国的情报机关。德国人委托当地的两名西班牙医生对尸体进行了检验，结果得出了“他是淹死”的结论。

德国情报机关仔细察看了文件包里的东西。这时，他们的间谍又送来了英国人正在谨慎小心而又追根刨底地打听文件包下落的信息。看来，德国人对文件的可靠性没有

作战素质极高的德军士兵

任何怀疑。在马丁的公文包内，德国间谍还发现了蒙巴顿写给美国艾森豪威尔将军的信，还有英国总参谋部副参谋长阿契巴尔德·奈将军致英军指挥官哈罗德·亚历山大将军的信。信上都说到了为了迷惑德军，打算以佯攻意大利的西西里岛掩护美军对希腊和撒丁岛的登陆作战。

他们把文件复制之后，又把全部文件和信件放回文件包里，重新加封，仿佛完全没有看过。面对称得上“绝密”的军事情报，德国间谍既兴奋又迷惘，如此重要情报居然“踏破铁鞋无觅处，得来全不费功夫”。

尤其是英国人在一封信里印证了其内容的真实性：“待他回来时给我捎一些新鲜的沙丁鱼来，沙丁鱼在英国是配给的，我很久没尝到这个美味了。”德国间谍马上意识到，沙丁鱼是撒丁岛的特产。看来，英国人下面的登陆点在撒丁岛是确定无疑了。

没过多久，英军情报部门炮制出来的第二具尸体又被冲上了假目标撒丁岛的卡利阿里海滩。死者穿着皇家海军陆战队服装，从身上的装扮看出，他是一支正在侦察撒丁岛海岸的小分队成员。这具尸体其实是蒙塔古为了印证“马丁少校”携带的密件内容，也是“肉馅计划”的收尾之作。

也许是英国人设计的圈套太逼

希特勒也有温馨的一面

真了，颇为精明的德国人竟然找不到一丝破绽，对文件的真实性深信不疑。德国统帅部的最后结论是：情报完全属实，盟军的主攻方向在撒丁岛和伯罗奔尼撒，同时对西西里岛采取佯攻。这个结论，彻底让希特勒放下了所有顾虑。

对此结论，德国统帅部里也有人担心，英国人丢失了这些文件以后，会不会改变计划。但谍报机构认为，英国人并不知道德国人截获了这些文件，英国副领事领回马丁少校尸体时，所有文件及书信"完璧归赵"。现在，德国方面是千方百计地不让英国知道他们已经看过这些文件。他们唯恐英国人发现了这件事，盟军因此会改变这次作战计划。

德国情报机关中也有人想进一步查证"马丁少校"的死因，他们认为有必要把尸体挖出来，让德国生理学家再详细地检查一次。因为他们觉得"马丁少校"所带文件涉及的内容太重要了。但是，德国人企图挖掘尸体的打算已经不可能得逞了。两天以后，英国大使馆已经在"马丁少校"的墓前竖立了一块雪白的大理石墓碑。驻西班牙的英国大使馆人员则在此前后频频分批前往哀悼，不给德国人插手的机会。

大使馆的官员和技术人员当着西班牙人的面仔细地检查了死者文件包里的东西。这些东西似乎都没有人碰过。大使馆的官员表示很满意，他们当面向西班牙人致以最真挚的谢意，并且将文件放进一个黑色密码箱里，交给一个一直不吭声的军方代表。又对西班牙人表示感谢后，一行人才离开。

死间谍立功

至此，德国西线情报处处长冯·罗恩纳等绝大多数人都肯定地认为：盟军主攻方向将在撒丁岛和伯罗奔尼撒群岛，同时会对西西里岛采取佯攻。当他们将全部情况详细汇报给希特勒后，希特勒也完全被这一幕幕连环假象蒙骗住了！

他在盖希丽尔别墅会见墨索里尼时，用那特有的语调大为得意地宣布："我想这的确是真的！在我们举棋不定的时候，这个情报太重要了！我们得到了可靠的情报！可靠的情报！"墨索里尼老奸巨猾，他一再强调，这是英国人的诡计，因为对于意大利来说，西西里岛就是通向内院的大门，没有谁会傻到舍近求远。希特勒并不为之所动，他随后下令："所有与地中海防御有关的德军指挥部迅速密切合作，利用全部兵力和装备，在所剩不多的时间内，尽可能加强这些特别危险的地区的防御。对撒丁岛和伯罗奔尼撒采取的措施要先于一切！"

按照指令，德军隆美尔元帅从北非赶赴希腊，组建了一个集团军群，会同随后从法国南部调来的第1装甲师，在希腊东部的爱琴海地区又设下3道防御地带；后来，希特勒又从苏德战场上抽出2个装甲师，准备用320列火车、9天时间进抵希腊；同时还把党卫军1个旅派往撒丁岛；再从西西里岛抽出装甲部队、交通运输和通信联络器材加强科西嘉岛的防卫。这样一来，德国原先布置了36万军力的西西里岛——即盟军登陆的真正地点，防卫力量顿时被削弱了不少，也缓解了苏联的压力。

声东击西的"肉馅计划"取得了极大成功！借助这一有利战机，"爱斯基摩人行动"于1943年7月10日凌晨，由3200艘舰船载着16万英美官兵，在3680架飞机的掩护下，大批量向西西里岛南岸登陆。

此时尚蒙在鼓里的西西里岛上的德军，还以为是盟国发起的佯攻！德国陆军的反击势头就差了些，只有德国炮兵对着海面上的舰船肆意地轰击着。即使被调离了很多守军，盟军还是遭到了沉重的打击，无数将士死在滩头阵地上。抢滩后，德军并没有主动出击，还是认为这是盟军释放的烟雾。等

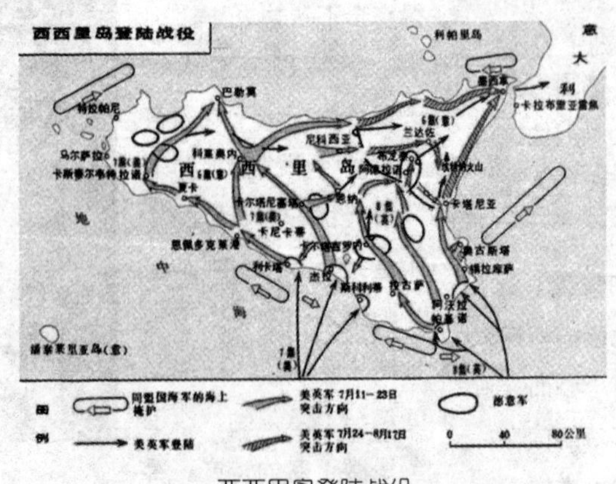

西西里岛登陆战役

盟军登上西西里岛海滩

到发觉盟军的真实意图时，已经错过了最佳时机。几乎是希特勒在欧洲战场上的又一个翻版，这次的主角英美盟军以迅雷不及掩耳之势，闪电般轻松拿下了桥头堡，然后大军蜂拥而至，这座曾重兵守卫的、极具战略意义的西西里岛顷刻间成为一个盟军进攻意大利本土的一个踏板！激战数日后，德意军队伤亡及被俘22.7万余人，从而为盟军向意大利大陆全线进攻创造了良好的条件。

"肉馅计划"堪称一次完美的战略欺骗，它成功调离了纳粹德国的数支精锐部队，促成了西西里岛登陆战的胜利，从而逼迫意大利退出了法西斯战线，也加速了德国的灭亡。

时至今日，战争的炮火已经远去，然而"肉馅计划"死间案却成为战争中双方意志较量的一个经典之作。如果你还有追寻历史遗迹的心理，可以到美丽的西班牙旅行一次。在西班牙韦尔发的一处公共墓地中，至今还留有纪念物以供后人寻证——那就是"威廉·马丁"少校的墓。

"换妻"游戏

在谍战中使用色情攻势很常见。事实证明，许多难以套取的情报，却被色情间谍轻易得到。在有些国家的间谍训练中就单独有这一课——利用色相完成任务。然而上个世纪70年代发生的克格勃间谍与美国高官之间的"换妻"事件，成为色情间谍中最奇特、也是最成功的一次行动。

回国述职

20世纪70年代，正值盛夏的一天，在苏联莫斯科市的一条林荫路上，一对穿着十分考究的夫妇快步走过来。他们是刚从美国回到莫斯科休假的尤里和妮娜夫妇，他们是苏联驻联合国代表处的工作人员，负责一些外事接洽工作。工作量并不是很大，也没有太多的难度，就是抛头露面的机会很多，而且长时间不能回国探亲。前几天终于等来了探亲假，两个人兴奋地在美国采购了许多礼物，准备回到国内分给亲朋好友。要知道，这个时期的苏联虽然军事、科技力量很强大，但是生活物资却很匮乏，尤其是生活必需品更是奇缺。

两个人到了莫斯科之后，并没有马上回家，而是住在了招待所里，连着几天都要去单位汇报工作。回国后的这5天和所有出差的业务人员一样：贴票据、报帐、汇报工作、听取领导的重要指示，把尤里夫妇俩忙得焦头烂额，精疲力尽。

除了正常的工作汇报以外，夫妇俩还择机来到距离不远的另一座灰色的大楼里，在一间不是很宽敞的办公室里，向两个神情严肃的穿着制服的中年人作了另一份述职报告。汇报的内容不仅包括美国政界、军界、商界的要闻和“趣事”，还有一些另类的信息，比如美国导弹基地、火箭型号、卫星发射、军队部署等内容。原来尤里夫妇还有一个秘密身份——克格勃特工。他们在联合国的外事工作只是一种掩护，他们的工作重点是获取情报，尤其是有价值的情报。

5天的汇报工作结束后，尤里夫妇在工作的两个机构里都没有得到太多的表扬。尤其是克格勃，听取汇报的两个人很不满意，他们认为尤里夫妇收集到的情报价值都不大，如果再这样下去，就警告说“让他们夫妇回国到工厂做工人去”。

尤里夫妇很郁闷，自从两个人成为克格勃人员之后，感觉肩负的责任就大了，两个人一心想立功，这样不但可以为家庭带来无限的荣誉，也能让家人过上更好的生活。在美国的工作和生活虽然很精彩，但是套取情报是很危险的事情，弄不好就会被发觉。如果被遣送回国，不但工作受影响，政治前途也彻底失去了。所以两个人虽然有心报国，但是却找不到好的渠道。

还好，这5天的东奔西走，总算把公事忙完了。谢天谢地，这下可以轻轻松松地到乡下老家休假了。尤里长长松了一口气，他和妻子又去商场买了几瓶上好的伏特加，拿着从美国带回来的那些特产，准备第二天下午坐火车去父母那。

总局长的意外召见

晚上10点左右，他们刚要就寝，尤里突然接到电话：克格勃对外情报总局局长莫尔金要召见他。

尤里大惑不解，因为他只是克格勃驻纽约站的一名普通工作人员，没有什么头衔，也没什么功劳，即使能得到分局科长的召见也算得上是件非常幸运的事了。现在情报总局的局长居然要接见他，怎能不叫他感到忧虑。夫妇俩回忆了这几天汇报工作的过程，也没发现哪里有不妥。“也许是我们工作不力，要惩罚我们，但也不需要局长亲自出马啊。”妮娜忐忑不安地说。克格勃的手段他们是知道的，对敌人狠，对自己人更狠。

一晚上，他们两个人都在想象见面的情景，几乎一夜未眠。

第二天上午9点，尤里怀着忐忑不安的心情跨进了总局长的办公室。

“亲爱的尤里同志，欢迎你回国，”局长莫尔金热情地拥抱了他，对他说，“快请坐吧，这几天休息得还好吗？”

尤里的心稍稍安稳了一些，真是怪事，他心里想，怎么不问我的工作如何，却问我休息得怎样呢，他找我来难道真是为了关心我的休息吗？越是这样，越说明有什么事情要发生。

“谢谢局长的关心，实话说，这几天我一直在处理公务和私事，还没来得及休息呢。”尤里一边谨慎地回答，一边在沙发上坐下。

“啊，没关系的，会有时间去休息的。”莫尔金温和地审视了尤里一会儿，又问道：“家里也都好吧？”

好？什么叫好呢？尤里心里嘀咕着：父亲一直被隔离审查着，母亲病得很重，女儿没有父母的管教学习也很差，就快留级了。可说这

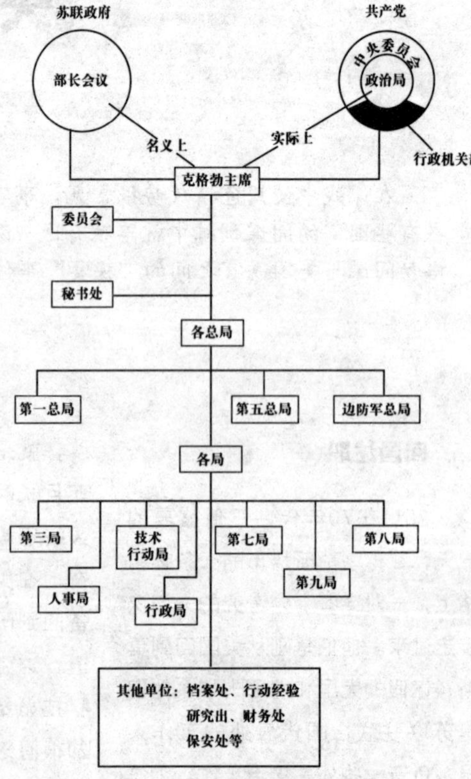

克格勃组织机构图

些又有什么用?

“都很好！谢谢领导的关心！”他微笑着回答。

“跟妻子的关系也好吗？”

“是的。”这次尤里说的可是心里话。他的妻子妮娜善解人意，美丽大方，不但在生活上对他体贴备至，在工作上还是得力的助手。这样相亲相爱而又志同道合的一对，还有什么可挑剔的呢?

尤里一边回答总局长的莫名其妙的问题，一边暗暗留心观察屋里陈设。他注意到局长的桌子上放着一个厚厚的档案袋。他立刻断定，这肯定是我的个人档案和一些与我有关系的文件。毫无疑问，那些监督我们并负责向上汇报情况的人，对我们夫妻的情况肯定摸得一清二楚，甚至比我自己更清楚。

总局长找我来究竟是要了解我的什么事情呢？难道是怀疑我被美国人策反了，或者是我的工作出了什么差错呢？自己好像没有什么过失呀。一般说来，在国外工作的情报人员大都会产生一种莫名的负罪感：没有达到上级的要求，没有搞到重要的情报等等，就会担心受到处罚。尤里恰好有这样的烦恼，因为他对自己确实有过高的政治奢求。

克格勃立陶宛总部大楼办公室内景

闲聊了一会，莫尔金用一种和蔼的语调说出来此次召见的确切目的：“尤里同志，安德罗波夫主席很想找您谈谈。”

尤里心里一阵紧张，说不清是惊还是喜。这太出乎他的意料了！况且莫尔金又是用那样的语调说出来，好像是在担心他会不想见似的。

“当然可以！一切听从您的安排，局长！”尤里诚惶诚恐地回答。

尤里心下暗笑：多么低级的问题！安德罗波夫是谁，难道我不清楚吗？在苏联谁敢拒绝同克格勃主席安德罗波夫谈话简直是疯了。

莫尔金像完成了一项艰难的政治任务似的，松了一口气，点了点头，随后按了一下传话器的按钮道：“把车开过来。”接着他又抓起桌子上的红色电话筒，要通了安德罗波夫：“我同尤里同志20分钟后到达您那儿……”

家长里短

20分钟后，他们来到克格勃主席安德罗波夫的办公室。在总局长的办公室时，尤里一直是提心吊胆的。此刻，他已经知道自己没遇到任何麻烦，看样子是上级挺赏识自己的，连续得到克格勃两位高官的召见，肯定是有重要的任务，说不定自己美好的前途就要开始了。

安德罗波夫

尤里全身激荡着一种十分激动的情绪，对面前这位克格勃的首脑，他有一种发自内心的崇敬感。当安德罗波夫起身走过来伸过手来同他握手的那一瞬，尤里感到，为了安德罗波夫、为了国家，他愿意献出自己的生命。

安德罗波夫对莫尔金说：“我知道，您还有许多自己的事情。您就先忙去吧，我们在这儿随便聊聊。”尤里暗想，把情报总局局长都支走了！究竟是什么事情，需要克格勃主席同我单独交谈?

莫尔金走后，安德罗波夫亲切地问：“喝咖啡，还是茶？”

“如果可以，我要杯咖啡。”已经习惯了美国生活方式的尤里选择了咖啡。

“我觉得你也应该喜欢咖啡了，尤里同志，我到现在还是喜欢喝茶，尤其是中国的茶叶，能让你身心都沐浴在大自然中。”

“原来主席对茶叶这样有研究，我对茶叶却一窍不通的。”尤里说道。

“也不全是，我喜欢茶叶的内敛，表面上看很普通，无非就是一些树叶子，当你把它和开水融合在一起，喝进嘴里的时候，你就能感觉到这个世界的美妙。”安德罗波夫边说边亲自冲着咖啡。尤里想帮帮忙，安德罗波夫却让他坐着，还笑着说尤里是客人，哪有让客人自己冲咖啡的道理。

不一会，热气腾腾的咖啡端了过来，安德罗波夫又为自己冲了一壶茶。两个人很随意地聊了起来。

“在美国工作和生活有什么困难吗？”

尤里回答说：“没有困难，工作上很顺利，生活上也很好，我们的工资和补助还有剩余呢，还可以贴补一下家用。”

安德罗波夫听后微微点头，关怀地说：“听说你的父亲和母亲遇到些困难，我已经责成有关方面照顾一下你的家里，要知道，你是他们唯一的儿子，你不在他们的身边，他们的饮食起居还是有些费力的……”

尤里听了这些话，非常激动，他知道，这样一来，自己的父亲就不用被审查了，父亲的工作也就恢复了，母亲看病也不成问题了，母亲身体好了，女儿也就有人照看了。他当即热烈地向安德罗波夫表达了自己深深的谢意。

谈话的气氛很好，两个人像久别重逢的老友一样，聊得很投机。尤里清醒的知道，安德罗波夫这样说和做，是在设法制造一种轻松的谈活气氛。因为克格勃主席绝不会闲的无聊，关心他家里的那点破事。但他到底想干什么呢？尤里心里嘀咕着，期盼安德罗波夫这样做的目的早点露出端倪，也好让他不再提心吊胆。

尖锐的问题

“您对美国的生活方式有什么看法？”安德罗波夫终于切入正题了。

尤里心里想，这间屋子里恐怕是全莫斯科唯一能够大胆地、直言不讳地回答这个问题的地方了。有安德罗波夫在这里坐着，谈谈美国“腐朽没落的生活方式”是没有人敢追究的，当然也不能什么都说，说的太多了也不好。

尤里谨慎地说道：“我现在已经适应了美国的生活方式，但我无法热爱它。他们的音乐和电影，就像一杯麻痹人灵魂的毒酒，腐蚀着年轻人的心灵。”

“您对美国的风俗有哪些了解？”安德罗波夫没有点评尤里的话，而是接着发问。

尤里感到安德罗波夫正在把谈话引向正题。他都快憋不住劲了，真想催对方：“喂，说吧，说吧，到底想让我干什么？”可是他还得老老实实地回答问题。还没有等尤里开口，安德罗波夫又问：“美国有一种‘换妻’现象，您熟悉吗？”

“哈哈！”尤里不由地笑了起来。他并不是笑安德罗波夫提这个问题，而是觉得这种现象可笑。在美国住过的人都知道这种说风俗不是风俗，说变态又有很多人追捧的社会现象。美国报刊上说，有些美国家庭这么做，在傍晚或夜里互换妻子，而这对维护家庭和睦毫无影响。

尤里解释说：“‘换妻游戏’这几年来在美国中产阶级间大行其道，这和他们性解放的观念是分不开的，目前全美已有几十个‘换妻俱乐部’，有些大型的换妻俱乐部甚至会包下一整座大饭店，让几百人举行热情如火的换妻派对。”

美国“换妻俱乐部”

见安德罗波夫在耐心倾听，尤里接着说道：“现在从事‘换妻’游戏的人大多是个性叛逆、长发披肩的嬉皮夫妻，也有一些30岁至40岁、有稳定工作和收入的中产阶级夫妇。每逢周末，从加州圣荷塞至旧金山等大城市都会举行交换性伴侣的换妻派对。”

“通常都是丈夫提议加入这种俱乐部，但是许多妻子参加后也爱上这种性游戏。参加换妻俱乐部的每对夫妻都要缴交入会费，单身男女不准参加，一般俱乐部内都备有大量保险套。在美国‘换妻’不是新鲜事，尽管大部分人觉得这种行为非常荒唐，但参与其中的人却自有一套说词，他们认为夫妻相处久了，难免厌倦对方，为避免发生婚外情，不如在彼此谅解的情况下，透过换妻方式‘疏解’一下。”

“参与‘换妻’活动的人多自认‘思想开通’，他们坚信人性软弱，与其逃避现实、苦苦压抑，不如和其他想法一样的夫妇进行交换计划。他们认为并未妨碍到别人，因此外界没有理由干涉他们的自由。”

尤里就这个问题把自己所知道的一切都讲给了安德罗波夫，以显示自己不是一个简单的间谍。而尤里感觉到，安德罗波夫似乎对这一切知道的并不比他少，听他讲述只是出于礼貌。等他说完后，安德罗波夫重重地出了一口气，喝了一口茶，意味深长地说：“这就是我今天请您来的原因。我先声明一下，如果您对我的提议感到难以接受的话，请您立即告诉我，不会因此对您产生任何不良影响。你明白我的意思吗？我们目前正在准备了解和掌握美国的这一‘换妻‘现象。”

“换妻”游戏

完美的游戏对象

“我的意思是说，假如在美国有这么一个人，我们就叫他‘石油’先生吧。他跟美国总统的关系非常密切，能进入最上层的决策圈子，掌握有核心的情报。我们的同志早就想接近他，但是没有跟他谈话的机会。拿金钱收买他吧？我们做不到，何况他是个亿万富翁，不差钱。而且，“石油”先生对我们的思想意识领域也有深刻的误解，因此也没有任何的合作基础。无论在事业上还是在家庭生活中他都很负责任，没有什么花边新闻，简直无懈可击，因此，我们也找不到败坏他名誉的任何材料对他施加压力。不过……”说到这里，安德罗波夫伸出两个拳头相互碰了几下，加重语气道：“不过，有这么一个很有意思的发现。我们的同行有幸在旅馆里录下了他同妻子在房间里的谈话。”

“有一次，他们参加完酒会回到旅馆，两人余兴未消，在床上疯狂了一会。接着‘石油’先生说他一直想试试‘换妻’的游戏，他的妻子也兴致勃勃地谈起了这个话题。他们开始在熟人中挑选对象。值得注意的是，他们在谈论的对象中提到了您和您妻子的名字。因为在纽约您经常同他们见面。更值得注意的是，在这段亲密的谈话中，他们对参加这场游戏的候选人总是定不下来，不是他对她不满意，就是她对他不感兴趣。只有你们夫妇，他们两人都觉得很完美，很满意。就是说，他们打算选你们作为‘换妻’游戏的对象。”

尤里一下子呆住了。安德罗波夫饶了这么半天圈子，原来就是这个原因。如果说让自己献身，他没有什么顾虑，自从加入克格勃以后，他就接受过色情勾引这方面的培训，虽然一直没有机会尝试，但是这也是自己完成任务的工作方式

色情训练是间谍的必修课

之一。如今，让他和妻子一起上阵，就有点为难了，哪个男人愿意自己的妻子和别的男人上床呢？而且，妻子在自己心目中的高贵的形象是不可玷污的。

“看得出，这件事令您为难，我非常理解。所以，我刚才说了，您可以随时拒绝。现在您不必急于回答，您还有时间。我只想再提醒您一句，我说的这个‘石油’先生，掌握着绝密情报，政治上大有前途。”安德罗波夫循循善诱着。

就算‘石油’先生是上头急于想搞到的人，但平白无故把自己的妻子送给一个美国佬，再让自己去和他的老婆鬼混，确实很不想玩这种游戏！尤里虽这么想着，但嘴里却机械地说：“我，也许可以试试吧。”

艰难的决定

“您不会后悔吧？”

“不会。不过，我有三个问题……”尤里真希望能躲过这个艰巨的任务，他想出来三个很“麻烦”的问题。

“请讲吧，只要我能帮你解决的问题都不是问题。”安德罗波夫说。

“您了解我的态度，可我却不知道我妻子的态度。我是军人，我宣过誓。而且不管怎么说，我是个男人，这种事情对我来说容易些。可她会怎么对待这种事呢？”

“当然，一切取决于她。你先试着做做她的工作。如果她有什么要求，可以拉我和莫尔金谈谈。实际上，这个时候莫尔金正在和你的妻子在另一间办公室谈这个事情呢，我想你不介意吧！她虽然没有接受过我们的色情训练，但是她也是宣过誓的特工，当然了，我们不会强加给她任何她本人不愿意做的事情。”

“明白了。无论怎样，这件事情我都尊敬我妻子的选择。第二个问题，我了解我们的保密制度，终究会有许多人知道这件事，尽管我也可能会因此获得某种完全是精神上的荣誉，但……”

安德罗波夫知道尤里是担心将来这样的事传到社会上令他难堪。“您只管放心，我保证，我们的谈话不会在任何文件里面反映出来。这件事只有我们四个人知道，任何书面的指示都不会有，一点消息也不会透露给任何人的。跟莫尔金之间的联络暗语，请你们自己商定。我们通知驻纽约的头头，您是执行专项任务的，他不会向您提多余的问题，只负责在必要的时候配合您的工作。现在，请说第三个问题吧。”

“我担心，这一切会不会是对方的圈套呢？”

“这个问题我们也考虑过，”安德罗波夫说，“可以说100％不是。因为这位‘石油’先生在美国是个有地位、受尊重的人物，所以他不敢参加‘换妻俱乐部’的活动；同时美国秘密部门不敢冒如此大的风险让他参与这种微妙的行动。这种事会断送他的光明前途。所以……”说到这里，安德罗波夫拍拍他肩膀，“一切都在我们掌握中”。

尤里心想：看样子他是不能推却这个任务了。

“那么，这件事情咱们就谈好了，所有的细节请跟莫尔金具体商量。明天早上您亲自去告诉他你们夫妻俩的最后决定。”

“是！”尤里站起来，象军人接受长官下达的命令。尤里正要离开，安德罗波夫握住了他的手说：

俄罗斯女间谍

“我理解，这事对您确实不轻松。可是您是唯一的候选人……”

从安德罗波夫的办公室出来，在楼下的院子里，尤里看到了妻子妮娜，两个人没有说话，挽着手走出大院，脚步沉重，心情更沉重。

本来，克格勃主席亲自交付的使命，他应该感到光荣，感到自豪，可干这种事，而且还要说服自己的妻子一块去干……尤里的心里确实很不舒服！

两个人没有吃午饭，从回到招待所后就一直默默无言。晚饭时间到了，两个人才来到一家牛排店，吃着吃着，妮娜哭了。她趴在尤里的肩膀一个劲地哭，最后她哭完了，终于平静地说：“我知道，这事真的对我们很重要。我没有顾虑了，就看你的决定了。无论怎样，事后谁也不许再提这件事。我不想失去这个家。”

第二天早上，尤里向情报总局局长报告：我们保证完成这项任务。

火辣辣的目光

这年9月份，尤里和妻子妮娜回到了纽约，来实施安德罗波夫交待的特殊任务。

很快，一个重要的联合国会议召开了，尤里和妮娜全身心地投入到工作中。这次大会，美国和苏联有几个重要的议程会议，两个人全程参与其中。双方的代表都到齐了，大家都紧张地进行传统的轮番会晤。在一次会晤中，‘石油’先生和他的夫人也出席了，他们恰好同尤里夫妇坐在了一起。要在以前，他们只是简单相互寒暄一下就算了，但现在需要加深熟悉的程度了。尤里夫妇的职业早已教会他们如何发展和深入关系，更何况对方也怀有同样的愿望。

联合国大厦

随着会议过程中的交往，他们的私人友谊也发展得很快。没有多久，他们就在晚上相约一起用餐和听音乐会了，之间也没有那些礼节性的客套了。到了一起，他们互相用西德尼和尤里相称，他们的妻子则以丽丽安和妮娜相称。

关键的一天终于来了。那天下午，西德尼夫妇邀请尤里夫妇到他们的家里去做客。当尤里和妻子妮娜驾驶一辆福特轿车，来到郊外西德尼那幢维多利亚风格的别墅时，西德尼和丽丽安早已在门里等着他们了。看得出，他们的到来使西德尼夫妇感到非常高兴。

主人首先热情地带他们参观了给他们安排的房间。尤里和妮娜安顿下来后，刚冲了个澡，仆人就来敲门，请他们到游泳池边，并且告诉他们要换上泳装。不一会，尤里夫妇来到游泳池。丽丽安正站在游泳池旁，身上披着一条大毛巾。看到他们过来，便把毛巾拿了下来，只穿着三点式的游泳衣。尤里知道他们的用意，因此向她投去欣赏的目光，连声称赞丽丽安的身材好。丽丽安也热烈地迎着他的目光，妩媚地笑着。当妮娜拿掉身上的大毛巾时，尤里捕捉到了西德尼那充满喜悦的目光。相比之下，妮娜真是魔鬼身材啊，难怪西德尼火辣辣的目光片刻不离开妮娜呢。

“开始了。”尤里心中暗想，他们跳进水里，开心的游来游去，还不时地相互嬉戏。尤里决定不采取任何主动，而是随着主人意志顺水推舟。

已经过了吃晚饭的时间，但主人并没有请他们用餐的意思，而且厨房里连一点飘香的气味也没有。这时男主人却建议他们到海边去转转。尤里很高兴，因为到那儿就可以找到酒店了。丽丽安和妮娜往半裸的身上罩了件轻薄的连衣裙，他们就出发了。

到了海边，他们沿着风景如画的海岸漫步，浏览琳琅满目的小商品摊儿，欣赏着码头各色各样的赛艇和美丽的晚霞。接着，西德尼请他们到“睡美人”餐厅吃海鲜。他们点了丰盛的晚宴，聊着这一天的感受，但都怀有同一种心情，紧张地等待着一件不寻常事情的发生。

纸醉金迷的一夜

美国富豪的私人游泳池

从餐厅出来，已是满天星星，万家灯火了。他们驱车回到西德尼家。

客厅里铺着松软的地毯，茶几上摆放着盛满各色饮料的瓶子，还有水果、点心、培根、沙拉等，看起来这是一个丰盛的自助夜宵了。仆人都下班了，西德尼没有开灯，而是点上蜡烛。闪烁的烛光更具有浪漫的情调。尤里想，这一定是他们特意布置的。

“我提议咱们看部电影吧！”西德尼说，“当然是‘快乐的生活’方面的，哈哈。”他挑出一盘录像带插进录像机里。他们并排坐在沙发上，妻子挨着各自的丈夫。西德尼给大家斟上酒，用俄语说了句“祝身体健康”之后，全然不顾美国人的习惯，自己先干了一杯。

这是壮胆呢。尤里这么想着，也照样来了一杯。女士们也把自己杯中的酒喝干了，一来二去，这两对夫妻都有点晕乎乎了。

影片的情节十分简单，时间也很短。讲的是一个可爱的、普通的家庭，夫妻双方开始感到厌烦了。镜头又转向另一个家庭，两口子都有另找新欢的想法，但还没有发展到跟别人去私通。尖锐的家庭冲突在两个家庭里发生了，夫妻间没有责任感，应付了事。互相缺乏吸引力（这些都在细节中表现出来）。两对夫妇走投无路，就去找性心理专家咨询。得到的劝告是让他们试试“换妻”的办法。在一次晚会上，两对夫妻相识了。他们互相都感到对方有一种吸引力，也都意识到他们找到了合适的伙伴。接下来是在一艘游艇上，在舒适的船舱里，他们一起听音乐、唱歌、跳舞，然后就在那里做爱。早上，他们又带回自己的妻子。突然间，他们感到夫妻间发生了某种显著的变化。在丈夫眼里，妻子完全变了一个样：更有魅力，更吸引人了。

这一部看完后，西德尼说：“再看一盘吧。”说着又放起了第二部影片。这一部内容比第一部更刺激，完全是“少儿不宜”了。

在酒精的麻醉和录像带的刺激下，客厅里的情景跟电影里的情节就差不多了……

第二天上午9点，这“两对夫妇”轻松随意地出现在饭桌旁，风度优雅地聊一些无关紧要的话题，仿佛什么都没有发生过似的。

就在尤里夫妇准备离开的时候，西德尼把尤里叫到一边低声说：“尤里，丽丽安和我非常感谢你们所做的一切。这是我有生以来的第一次，或许也是最后一次干这种事。可我们从中得到了莫大的乐趣。现在我和你就象兄弟一样，我们要把这份情谊保持到生命的最后一天。为了你，我的兄弟，我没有什么不能做的。我的话可是绝对认真的！”

“谢谢你，西德尼。”尤里说，“我不需要什么。但或许将来在某个时候，我会求您给我兄弟式的帮助”

“请相信我吧。”西德尼搂着他，使劲地握他的手。

西德尼的预测

回到工作站，尤里向莫斯科发去一份电报，汇报了这一阶段的外事工作。在大家能看懂的电文里，他采用了一些不易察觉的、别人不懂的暗语，这种暗语只有一个人能看懂，他就是在莫斯科的对外情报总局局长莫尔金。

当然，西德尼并没有成为莫斯科的间谍。苏联人也没有这个奢望。但是由于他跟尤里夫妇的特殊关系，每当莫斯科遇到难题，需要得到确切的解答时，就指示尤里去找西德尼。这样，莫斯科就会得到

美国家庭自助酒会

"换妻"游戏如同"距离产生美"

所需要的准确情报，西德尼从没使克格勃失望过。

后来，纽约的情报站收到一份安德罗波夫用斯维利多夫的化名签名的致谢电报。这其中当然有尤里的一份功劳。可是对尤里来说，并没有什么光荣感和自豪感。他常常被一个问题困扰着，这个问题多次让他失眠：我们当时究竟干了些什么呀！每一次他又总是为自己辩解说，这是祖国的需要！

在美国的任期满后，尤里回到莫斯科工作，但仍保持着同西德尼的联系。需要的时候他们就在第三国会面。为此，他去过许多国家。最后一次同西德尼见面是在契尔年科死后不久。当时，弗拉基米尔·亚里山大洛维奇·克留奇科夫任总局局长，他也从没怀疑过从西德尼那里获得的情报的价值。

最后一次会面的地点，是在雅典，那是一个春天的温暖傍晚，他和西德尼在一间露天餐厅里，如同上次一样，他们也是吃海鲜。西德尼回答完尤里的问题后，还给他讲一些对苏联以后几年的预测，这些话令尤里毛骨悚然。西德尼说到，苏联的民族矛盾积累的太深了，早晚会有彻底决裂的那一天，这个过程美国早已掌握，并且会一直关注。

第二天尤里就去找驻雅典的苏联大使——安德罗波夫的儿子，并要求尽快送自己回国，虽然离这次出差的行期还有两个星期。尤里必须马上向总局汇报所了解到的情况，而且要口头汇报，因为他没有文字材料来证实所听到的情报。

回到莫斯科，他没有象以往那样先写汇报材料，而是立即去求见总局长。克留奇科夫听着汇报，脸色越来越阴沉。看得出，这些情报证实了他已经掌握的情况。

"这份报告请你亲自打印两份出来。"克留奇科夫表情生硬地给尤里下命令，"在其中一份上不要有任何标记，不注来源，也不要签名。"

不久，上边命令尤里切断与西德尼的联系，又过了不久，出人意料地把他调至了一个毫无意义的工作岗位上。尤里真想问问这是为什么。要知道，他是那么热爱间谍工作。他还想在间谍生涯中取得更高的地位，如今却突然成为被冷落的失意者了。

此后几年苏联的剧变，证实了西德尼的预测——苏联解体了。

如今，尤里跟妻子住在乡间别墅里，平时种种地，钓钓鱼。他们从不回忆那天晚上在美国那间客厅里发生的事情，似乎就没有那回事。他们也从不提起西德尼这个名字。不过，当他们坐在电视机前看新闻时，偶尔也看到西德尼带着丽丽安到各国作正式访问。从飞机舷梯上走下来的丽丽安已显得有些苍老了，但仍保持着到苗条的身段和优雅的风度……

在越来越多的忧郁失眠之夜里，如烟的往事常会在尤里的脑海里浮现，包括那个"特殊任务"。对自己所做的那些工作，他越反思越困惑。他不止一次地自问："我所做的一切，难道真的是祖国的迫切需要吗？我和妻子到头来只不过是做了'乌鸦'和'燕子'罢了。"

乌鸦和燕子

"乌鸦"和"燕子"是克格勃对男间谍和女间谍的称谓。苏联克格勃人员大多数都经过色情训练，他们的出色表演足以令古往今来的性间谍自愧不如。对克格勃的"乌鸦"和"燕子"来说，性间谍生活

民族问题成为苏联解体的重要因素

俄罗斯继承了苏联的大部分衣钵

要简单得多，他们并不需要去窃取情报，也无须去组建间谍网，只是利用他们的身体本钱，以最有效的方式诱捕猎物而已。他们无须知道行动的目的和后果，事实上上级也不会让他们知道得更多。当然，他们所受的严格的训练并不轻松。可以说克格勃使他们饱受身心的折磨，直至丧失人伦、理性，葬送了美好的一生。

叛逃到西方的克格勃“燕子”卡列尼娜以自己的亲身经历，揭露了克格勃是如何无耻地进行性间谍训练的：

卡列尼娜自小就有舞蹈天分，在报考舞蹈学院时不幸名落孙山。正当她万分沮丧之时，学校党支部书记找她谈话告诉她，上级经过严格审查，保送她到特殊学校培养为特殊人才，希望她不要辜负党和国家的期望。

卡列尼娜简直不敢相信这是真的，但报到通知书就摆在眼前，这还能有假？卡列尼娜一到喀山市机场，就有专车把她与另外三个容貌姣丽的中学生模样的姑娘接到学校。那是在韦雷内伊的一片营房。这是哪门子学校？卡列尼娜犯疑了。“或许是军事院校吧？”她望着警卫森严的门岗和穿着军服的人们心想。

第二天，女校长库兹卓娃上校一身戎装给她们作了开学典礼的讲话。她没有告诉这一百多位男女新学员这是什么学校，只给她们谈了个严肃的问题：当党和祖国需要你的时候，你会怎样做？校长举了许多卡列尼娜耳熟能详的英雄的故事。最后，校长给学员两天时间写心得体会，题目就是你将怎样接受党的考验。卡列尼娜满腔热情写道“赴汤蹈火奋不顾身”、“为革命奋斗终身”等。

几天后，全校学生被带到小礼堂看电影。影片刚一放出来，黑暗中就响起一片惊恐的叫喊声。卡列尼娜也尖叫一声，用双手掩住了双眼。她看见银幕里一个赤裸的男人笑着迎面走来……和大多数女生一样，卡列尼娜紧闭着眼睛一直到结束。

库兹卓娃上校的语气是沉痛的，然后也是亲切的：“同学们，你们的心得都写得很好，但怎么样呢？仅仅一个电影，你们都看不下去，可能它太肉麻了？太恐怖了？但这能成为理由吗？如果真的有一天，革命需要你去堵枪眼，你怎么办呢？……你只要相信这是革命需要你面对的困难，你就会勇敢地面对它……”

卡列尼娜感到惭愧，同学们也都惭愧了。校长给她们找来学习的榜样，胸佩列宁勋章的光彩照人的索菲娅上尉向姑娘们介绍了她的英雄事迹：

一个日本企业代表团来莫斯科进行谈贸易，住在她当服务员的酒店。日本株式会社的董事长平野太郎看上了她，老对她毛手毛脚，

克格勃的“燕子”

她很生气。但祖国的国防工业急需日本人的先进机器，而且这种机器是禁售给苏联的。得知国家遇到这难题后，索菲娅为了祖国献出自己的身体。能够为革命作出应有的贡献，她感到欣慰……

说到动情处，索菲娅泪光闪闪。暴风雨般的掌声响起来了，卡列尼娜也激动地鼓着掌。"同学们，我相信，这列宁勋章也能戴到你们胸前！"索菲娅以激昂的鼓励结束了她的报告。

第二次考试，奇迹出现了，全体学员没有一个成绩达不到优秀的。

当教员第一次让她们小组的四个女同学脱光衣服，互相观察时，她的脸还是涨红了，羞得低下头。这时教员会大声地吆喝提醒说："怎么啦？为裸体害羞吗？别忘记它是用于革命事业的武器。"

当然这只是性教育入门。紧接着学校会挑选出先进的学生代表为其他学员进行示范课。女学员们赤裸着全身坐成圆圈形，由一个男学员和一个女学员脱得一丝不挂，在圆圈中心作着不同姿势的性表演。上过示范课，就到女学员实习的阶段了。女学员被告诉和提醒，发生性关系时一定要在床罩上而不是在被单下进行，而且要学会如何对准暗藏的镜头，让男学员的动作清楚无遗地被拍摄下来，否则就不合格。然后将每个学员实习期间的"作业"，用广角镜头映现在银幕上，以供教员与其他学员们欣赏、评论，指出不足以便改进……

前苏联克格勃麾下的"燕子"部队至今仍然存在

经过克格勃的性技巧训练，姑娘们从原来天真纯洁的少女，变成了玩世不恭、能和任何男人睡觉而毫无廉耻之感的妓女了。事实上许多"燕子"在没有任务的时间里，就是从事妓女甚至诈骗的工作，由于她们有克格勃身份的保护，令受害者哑子吃黄连，有冤无法说。

同样，男学员的训练要求也是非常严格的，他们除了要精通心理学，以及掌握激起女性性欲的本领之外，他们的心理障碍关也不好过。因为他们勾引的对象是那些丑陋、心灰意冷和乏味的中年妇女。所有男学员的实习要跟许多难看的、粗俗和肮脏的乡下女人发生性关系。"乌鸦"们必须充分运用他们所掌握的性技术和心理学，使得这些女人不但性欲大发，而且言听计从甚至不惜替他们犯罪。"乌鸦"们经过克格勃的训练，也从纯洁的少男堕落为无耻之徒。

"乌鸦"和"燕子"们一方面不得不屈从克格勒的差遣，被侵蚀和腐化了灵魂。可以说，他们是克格勃最无辜的牺牲品。

尤里就曾经接受过这样的色情训练，不过却没有机会使用。直到上演了"换妻"这一勾当，他才真正地用上了这个在学校里学到的这个技能。接受任务后，他和妮娜也曾演练过，怎样让这次任务变得更完美，妮娜从他这里学到了许多技巧。那一夜，他们确实表现的很完美，任务完成的相当成功。离开克格勃后，尤里和妮娜看淡了这件事情，都觉得夫妻俩是幸运的，没有陷进去，庆幸跳出了那个圈子，否则，真不知道下场是什么样的。

美苏窃听与反窃听间谍案

从苏联与美国正式建立外交关系这一天起，克格勃便从未停止过对美国驻苏大使馆的窃听与监视。同样，美国中情局也对苏联大使馆采取窃听与反窃听。1943年，德黑兰会议结束后，斯大林责令克格勃领导人贝利亚，要不惜一切代价、动用一切手段对美国大使阿维列拉·哈里曼的办公室进行窃听，以便在第一时间了解美国将要对苏联采取的行动和两国关系方案。贝利亚与其手下高参开始绞尽脑汁，设计出了完美的窃听行动方案……

“金唇”出台

1943年12月17日，贝利亚来到斯大林的办公室，报告说，针对美国使馆专门设计的窃听设备已顺利通过检验，其性能“无与伦比”，功效“令人称奇”。随后的试验结果，让斯大林很震惊，他吩咐贝利亚，除了在美国大使馆安放这种窃听器外，其他一些国家的大使馆也应该受到此类监听。

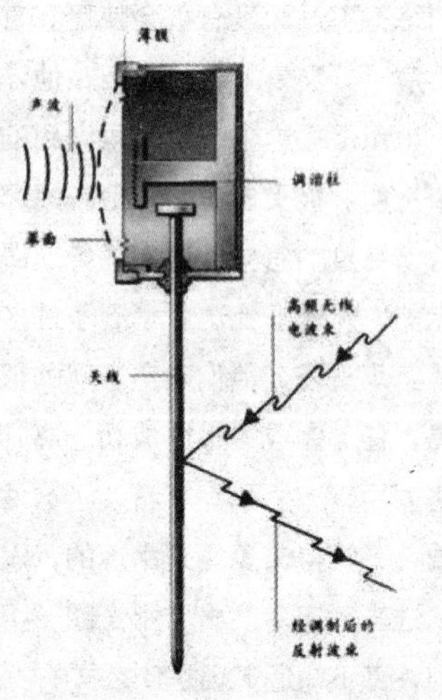

“金唇”窃听器

从外形上看，这种窃听器就像一个带着尾巴的蝌蚪。“金唇”窃听器在当时的确代表了世界顶级水平。它的使用寿命极长，可以接收到300米以内大耗电量振荡器所发出的微波脉冲，因而不需要电池，也不需要外来电源，从而使当时的反窃听设备不可能捕捉到任何信号。

苏联克格勃人员将微波振荡器安装在美国使馆对面居民楼的顶层，并将那里的居民全部换成克格勃的工作人员。每天都像正常的居民一样生活，家家户户的阳台上都会挂出“家庭主妇们”的“劳动成果”。男人酗酒、夫妻吵架，孩子哭闹，一切都那么逼真。每逢晴朗的星期天，克格勃的女士们都要在阳台上晾晒地毯及被褥。由于伪装的太像了，美国大使馆一直没有发觉对面的居民竟然是克格勃人员。

贝利亚将这种特制的“窃听器”命名为“金唇”，将安放到美国大使办公室的行动命名为“金唇行动”。但是将“金唇”安放到大使办公室却并非易事。为此，克格勃特工人员费尽了心机。他们曾精心在美国使馆内设计了一起由电路引起的火灾，但是那些扮成消防队员的特工人员却被拒绝进入大使馆灭火，贝利亚的人始终没机会进入哈里曼大使的办公室。

几经周折后，克格勃的高参们最终想出将窃听器放在礼品中送给美国大使这一妙计。于是，二十几种木制及皮制的贵重工艺品送进了克格勃高官的会议室。经过精心筛选，黑色檀木制成的斯基泰盾牌、两米长的猛犸象牙、瑞典国王送给尼古拉二世的象牙电话机及用象腿骨制成的一米高纸篓都被确定为“金唇”的载体。

贝利亚特地请来窃听器研究权威、苏联科学院院士贝尔格和伊奥费对选定的礼品进行最后检验。两位专家检测后一致认为，这些礼

美国U-2高空侦察机

投弹，那苏联岂不是没有任何反击措施了吗?

其实，美国对苏联领土进行电子侦察和监听最早始于1946年末，那个时候冷战正好拉开帷幕，这一时间上的巧合绝非偶然。当时，美国二战时的情报部门已结束历史使命，而中情局尚未成立，所以执行侦察任务的都是空军飞机，尤其是那些经过改良的重型飞机，并给它们配备了广角相机和搜索苏联雷达站、识别其功率的电子感应装置。最初，这些飞机从阿拉斯加起飞，沿苏联陆上及海上疆界飞行，没有进入苏联领空。莫斯科对此提出强烈抗议，但并未采取任何行动。随着美苏对抗的加深，五角大楼负责人下令必须对苏联及其盟国领土进行深入侦察。

1950年初春，美国飞机开始闯入苏联领空刺探情报，但损失惨重，绝大部分被苏联或是其他社会主义国家击落。据统计，执行飞行任务的美军不少于252人，但幸存者不超过90人。他们或被自己人救走，或沦为战俘，138人至今下落不明。

就这样，美国收敛了许多，不再进行飞机侦查，美苏之间的口水仗一下子没了。没想到如今美国倚仗最先进的U-2飞机竟然这么猖狂，真把苏联当成不设防的国家了。赫鲁晓夫命令军工部门立即找到破解办法，拦截或者击落U-2。

美国国防部五角大楼

U-2坠落，金唇曝光

U-2的诞生实属无奈。1954年5月，美国著名飞行员奥斯坦驾驶RB-47E战略轰炸机从英国出发，对苏联北方舰队驻守的摩尔曼斯克和阿尔汉格尔斯克实施侦察。该飞机是B-47E的改进型，时速提高到980公里、飞行高度1.2万米。美方自认为胜券在握，因为苏联防空兵的主力战机米格-15在速度上逊于美国战机，唯一能与B-47E在速度上抗衡的是新研制的米格-17，但它1953年才首次亮相。

五角大楼推测，米格-17的研制试飞工作尚未完成。然而，美国人太大意了。英国战机曾于10天前潜入白俄罗斯和乌克兰，并接近了基辅，苏联试图击落它们，但被它们侥幸逃脱。此后，全苏防空系统进入高度战备状态，而美国人对此却一无所知。五角大楼不知道的另一点是，米格-17当时已在阿尔汉格尔斯克机场整装待命了。米格-17升空拦截了奥斯坦的飞机，奥斯坦不得不驾机仓促逃离，机身被打了好几个窟窿。他闯入芬兰领空，又穿越瑞典边界，总算跌跌撞撞地返回了英国。

这桩丑闻在国际上闹得沸沸扬扬。先是瑞典国防部提出抗议，几天后，芬兰报纸也将此事披露出来。美国空军发表声明，称与此事无关，但显然是欲盖弥彰。颜面尽失的白宫认为，派间谍飞机深入苏联腹地过于危险，决定停止行动。

但是，美国某些人士主张研制性能指标大大优于苏联战机的侦察机，以降低间谍飞行的危险度，同时意识到将侦察飞行高度提至平流层的必要性。然而，五角大楼对高速远程飞机并不感兴趣，相反，它迅速批准了有“科学智囊团”之称的兰德公司提出的侦察卫星研制计划。在它看来，卫星的应用前景更广，更重要的是它不会被击落，绝对安全。1954年，五角大楼下令空军展开间谍卫星这方面的研究。

但是，艾森豪威尔总统的科技顾问基利安非常支持新型侦察机的研制。在其劝说下，总统下令由中情局而非五角大楼负责此事。中情局迫不及地将这个任务交给了洛克希德公司，最终诞生了U-2。

U-2从1956年6月开始对苏联进行侦察。屡次遭到苏联防空军的MiG-19P等战斗机迎击。不过，能对U-2产生威胁的战斗机并不存在。因此，U-2总是如入无人之境一般，在苏联上空自由来去。

直到1960年5月1日，U-2侦察机在苏联领空侦察时，苏联最先进的S-75地对空导弹进行了迎击，U-2被首次击落。飞行员鲍尔斯跳伞逃生，被苏联俘虏作公开审判，以间谍罪起诉。为了救回飞行员，美国只好以克格勃特工佐鲁道夫·阿贝尔做人质交换。

苏联公开审判美国U-2飞行员鲍尔斯

关于这架飞机之所以被击落产生出一系列谣传，最有名的是因为这架飞机被苏联的特工在仪表盘上做了手脚，飞行的高度未达到2.5万米，但仪表盘却显示达到飞行的高度已达2.5万米，最终被苏联的S-75防空导弹击落。

苏联击落美国U2高空侦察机后，在国际上声讨美国。美国人为了挽回颜面，在5月中旬，华盛顿公开了“金唇”的秘密。美国当时驻联合国代表卡勃特将那枚精美国徽和“金唇”窃听器拿到联合国安理会常任理事国的会议上做了一番展览。以解释美国侦察苏联是迫不得已的防御行为，指责苏联不仁在先，就别怪美国不义在后了。

时至今日，克格勃的“金唇”窃听器仍旧陈列在美国中情局的博物馆内，供后人回味美国这段“耻辱”的历史。不过，从那以后，U-2的侦查飞行也低调了许多。

鞋跟里的“间谍”

在窃听方面，美国人也不比苏联人干净多少，而且美国也有许多独到的窃听手法。

一天早晨，苏联驻美国大使馆的保安人员用无线电搜索机作例行检查时，突然收到了大使同别人的谈话声。根据电波的方向，保安人员来到大使的办公室，递上一张纸条：“请您走出办公室并继续谈话，但是要小心讲话的内容，因为您正在被窃听。”大使走出办公室，但搜索机里仍然响着他的声音。这说明窃听器就在大使身上。保安人员围着大使检查了好久，直到最后脱下了他的皮鞋才发现，原来窃听器就藏在大使的皮鞋后跟里。

原来前几天，大使在美国商店买的鞋早已经被人做了手脚，实际上，头一天，中情局在几十双不同款式的鞋子里都安装了窃听器。无论苏联大使买哪一双鞋，都会中招。

苏联大使皮鞋里的窃听器是一种无线窃听器。它所窃取的声音是通过无线电波传送到窃听接收机的。在无线窃听器里，除了有话筒，还有把微弱信号功率放大的电子线路以及发射天线和电池。这种微型无线窃听器只有3克，它的体积很小，不需要敷设传输导线，可以在一个地区布设若干个，用一个接收机进行接收。它还可以做成子弹、炮弹，发射到敌人阵地里侦察动向。正因为如此，无线窃听器已经成为窃听最主要的工具。

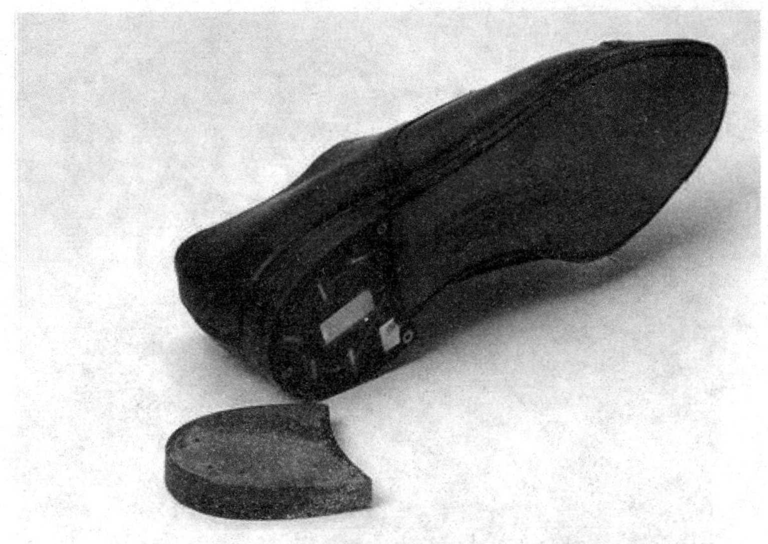
鞋跟里的窃听器

会窃听的“单簧管”

苏联大使对这种现象已经习以为常，看着从鞋跟里拿出来的被砸碎的窃听器，大使和手下说到昨天遇到的一件怪事。

他和一个刚从国内来的领导在公园散步，为了说些机密的话题，他们两个人随机租用了一条小船划到湖中心。在谈话的过程中，他看到湖边的灌木丛中，有一个拿着单簧管的人站在那里，似乎是吹奏了几下之后，随手把单簧管放在一个三脚架上，管口始终瞄着湖心的这条小船，守在“单簧管”旁的两个男子中的一个还戴着耳机。

大使觉得这两个人很可疑，就不再聊机密的事情。大使要求手下，立即查明这是不是美国新式的窃听器设备。

很快，苏联特工人员行动起来。大使和国内来的客人又配合着手下到湖中划船闲聊。果然，那两个拿着单簧管的人又出现在湖边。

原来，他们是美国反间谍机关的侦探。利用这种看起来像“单簧管”的窃听设备，他们偷听了苏联大使和客人在小船上的全部对话。

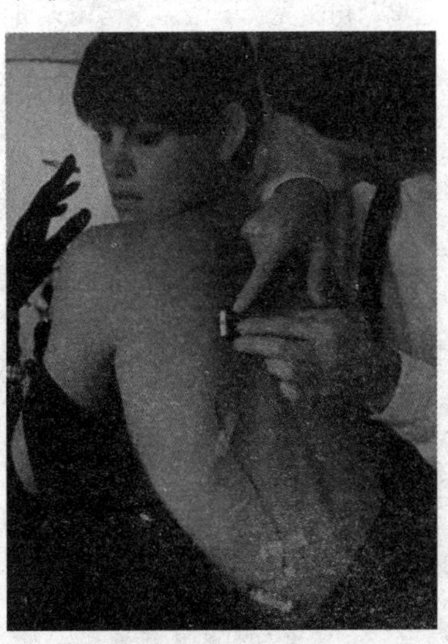
藏在身上的窃听器

确认了这种设备是窃听器之后，克格勃人员在大使离去后，伪装成街头混混，抢走了这只“单簧管”。

通过拆解，苏联人掌握了其中的奥秘。这个“单簧管”是一种“追捕”声音的设备——远距离定向话筒窃听器。借助这种窃听器，可以听到几百米甚至更远的声音。它的工作原理和扩音机的原理差不多，只是其话筒体积要小得多、灵敏度要高得多。“单簧管”枪管上有规律地开有许多小孔。当声波从正前方传来时，经过小孔进入管口就会增强，而当其他声波从管子两侧传来时，穿过小孔就会互相抵消。

了解到了其中的秘密后，克格勃的工程师相对应着就造出了反“单簧管”窃听的工具，很快送到苏联驻美国的大使馆内。

窃听与反窃听的较量

1964年，美国驻苏联大使馆

树桩窃听器

墙体内又发现了克格勃偷偷安装的专线窃听话筒，由于专线话筒窃听系统隐蔽、耐用、效果好，克格勃仍然把它作为窃听的主要工具。据美国反间谍机关的档案记载，在美国驻苏联的大使馆内查获了130多个窃听器，又在大使馆大楼的内墙里挖出了40个专线话筒。

原来，10年前，苏联政府在帮助美国大使馆大楼改建时，就把这个专线话筒窃听网安了进去。就这样，美国驻苏联大使馆在毫无察觉的情况下，向苏联克格勃“义务”提供了10年的情报。

发现这些话筒后，美国情报人员就用“反窃听电击器”向窃听线路里输入一种猛烈的高压脉冲电震波。这样就把连接这根窃听线路上的所有窃听装置全部烧毁，并且还将正戴着耳机窃听的间谍震得像虾一样活蹦乱跳，使他们好像上了一次电刑。

即使美苏双方都处处小心，还是有泄密的地方。上世纪70年代，美国政府对克格勃用强力微波辐射美国大使馆一事，向苏联政府提出强烈抗议，但苏联方面根本置之不理。

原来窗户也成为窃听的焦点，这是利用激光窃听法。克格勃人员用激光发生器产生一束极细的激光，射到被窃听美国大使馆房间的玻璃上。当房间里有人讲话的时候，玻璃会受室内声音的变化而发生轻微振动，从玻璃返回的激光自然也会随着这种振动发生变化。在室外的人用专门的激光接收器对其进行接收，就能解调出声音信号，用耳机监听室内人的讲话。

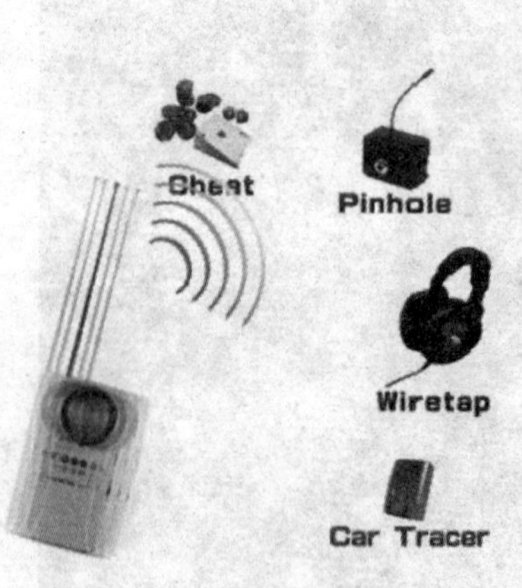

反窃听设备

微波窃听法的原理同激光窃听比较相似，但微波的方向性不如激光那样强，它的反射波在一定区域内都可以收到，所以窃听者可以藏在被窃听房间周围的许多地点，防不胜防。

无奈之下，美国谍报技术部门只得在1976年冬天，派了许多技术人员去为美国大使馆安装“反微波窃听设备”。他们在使馆的窗户上全部装上了特制的金属网做成的“窗纱”，在会议室和机要室的墙壁中灌注进去能够挡回微波辐射的铅溶液，做成“铅墙”，还在重要部门安装了先进的“噪音干扰器”，来掩盖一些重要的谈话声。

看起来，在窃听与反窃听中，克格勃似乎占据上风，其实美国间谍机构也没闲着，他们对苏联驻外大使馆采取以牙还牙的态度。

如美国对苏联驻东京大使馆采取了先进的电子窃听，对使馆内的一个目标实施日夜电子监听。这样一来，苏联克格勃也只得安装反窃听设备了。他们把房间的墙壁、天花板和地板都做成双层，室外用特制的透明玻璃做成多层玻璃窗，既隔音，又防止任何窃听电波出入，为了预防万一，在室内还安

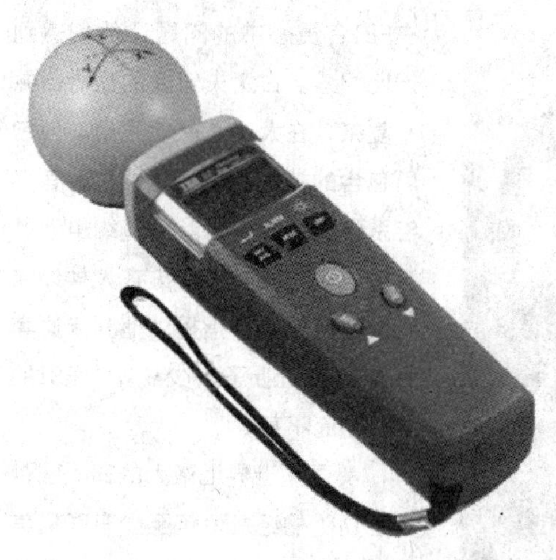

反窃听检查仪

装了“音乐电子脉冲器”，不断地向空间发射，以干扰窃听。办公室的四周及顶部全都用上金属网，地板则用绝缘体予以隔绝，就连里面的照明电也是经过滤波的。在它的内部，所有的家具、物品材料都是用透明的有机玻璃或模压塑料做成的，不可能有窃听器在里面藏匿，这样就能有效地切断一切与外界的联系，保证机密绝对不被泄露。

视线之内没有秘密

以上的方法都是直接窃听，还有一些间接窃听的方法，如口型分析法在美苏争霸过程中反复被使用。

有的场合，美国中情局特工能够看到苏联讲话者，却听不见他的声音，这时就可以用带有长焦距的摄像机，拍下讲话者的口型和手势，然后用口型分析法“看出”他的声音。事实上，许多聋哑人就是用这种方法来理解别人的语言内容。对于一个长期接受这方面训练的特工来说，同样可以做到。有时几个特工合作，甚至能把讲话内容一字不差地还原出来。他们被称为“唇读间谍”。

事实上，读唇术并不是一个秘密，经过训练的人员完全可以胜任。在现实中，英国查尔斯王子迎娶卡米拉时，唇语者就成功破解了伊丽莎白二世和儿子的低语，使得女王糟糕的婆媳关系浮出水面。当查尔斯夫妇和所有王室成员聚集在圣乔治教堂门前的台阶上，准备花几分钟拍摄官方家庭照片时，女王仅仅在一对新人身边待了52秒，就在向儿子低声嘀咕几句之后，拉着丈夫菲利浦亲王匆匆离开。

事后，职业唇语者在研究当时的录像2个小时后，成功“破译”——女王之所以不肯花“区区几分钟”和卡米拉合影，竟只是为了回家看赛马。

这位破解女王耳语的职业唇语者名叫杰西卡·里斯，是英国著名的“读唇女王”，同时她也为英国间谍机构偶尔效劳一下。她自幼失聪，却能通过读唇术理解别人的话语。她高超的读唇术，往往让别人忘记了她是位耳聋者。英国皇家检察院正是看中她高超的“读唇术”，雇佣她成了英国唯一的“官方读唇证人”。杰西卡通过解读英国警方用监控摄像机偷拍下来的嫌犯录像，通过读唇术翻译出录像带中嫌犯的对话，从而提供至关紧要

“唇读间谍”破解齐达内发火之谜

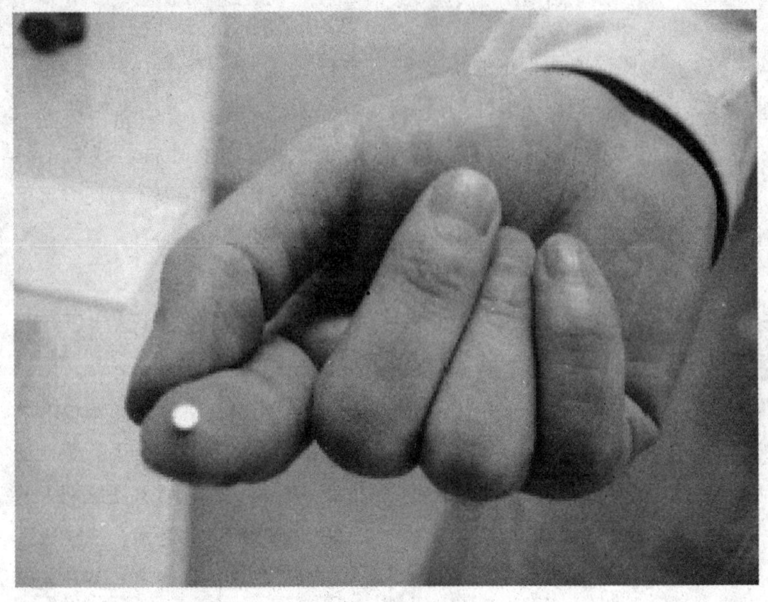
微型窃听器

的证据。

杰西卡曾称，在她的“视线之内没有秘密”。她能通过读唇术破译各种最艰难的场景对话，即使录像带中人的脸不对着摄像机。杰西卡道：“我能从侧面、上面和下面各个角度读懂别人说什么话，这意味着我只要能看到说话人的部分嘴唇，即使隔着40到50米远，我也能通过嘴唇读懂他们的话语内容，我甚至能读懂别人的方言。”

有一些入境的间谍就是这样栽在杰西卡的手里，他们自以为在公共场合的轻声细语不会被别人知道。谁能料到，无处不在的天眼（摄像头）早就把他们的一举一动拍摄下来，成为英国揪出外国间谍的证据之一。

数据窃听装置

1989年12月20日，美国宣布将造价1.9亿美元的美驻苏新使馆拆毁重建，费用高达3亿美元。里根总统说：“美国除了全部拆除驻苏新使馆大楼外，别无选择。整幢大楼窃听器密布。”重建使馆的主要建筑材料均在美国国内预制，在严密保护下运往苏联，并由美国人施工。然而，苏联谍报机构还是在新使馆里布满了窃听器。

1991年12月15日，克格勃领导人巴卡京亲手将美国使馆新楼的窃听器分布图交给美国大使斯特劳斯。斯特劳斯立刻就傻眼了，他真想不明白苏联人是怎么把窃听器放到24小时巡逻的大使馆里的。

同样，美国人也很困惑。1999年12月，美国联邦调查局（FBI）以“不受欢迎”为由，将俄罗斯驻美大使馆二秘古谢夫驱逐出境。最严重的问题不是古谢夫窃听了奥尔布赖特办公室的电话内容，而是美方没有古谢夫访问美国国务院大楼的记录。他是如何把窃听器安装在会议室里的？这个存留在FBI官员心中的问题让他们感到无比惶惑。古谢夫安装的窃听器并不复杂，在大街上就能买到。但它所包含的技术却相当先进，装有声控系统和跳频器，既可节约电池，又可逃避检查。古谢夫在大楼外的汽车里就能遥控指挥。他利用这套装置到底窃听了多少秘密，FBI的官员秘而不宣。

美国是世界上最大的窃听国，用于窃听的经费每年至少有80亿美元。美国中央情报局研制的独角仙窃听器，据称具有世界最高的智能窃听功能——可识别特定的声音：若须窃听某个人的声音，只要事先输入这个人的声音数据，机器便能自动筛选出它需要的声音。

随着科学技术的发展，保密信息的记录、储存、传递广泛使用自动化的电子设备。各国政府部门、机要保密部门、企事业部门都配备有电子打字机、计算机、译码电信机、电传机、保密机等。苏联谍报机构盯上了这一便捷的情报来源。

1983年1月，美国驻莫斯科使馆在修理电传打字机的过程中，意外发现打字机的电容器里有个复杂的电子窃听器，它可使电文在未被译成密码之前就被截收。在一架译码电讯机上还查出一种特别精巧的电子仪器，可把使馆发向国内的密电码收录下来。

现代声音窃听技术还在不断发展，纳米技术、微电子技术、遥感技术、空间技术等高新技术正促使它变得更加隐蔽、方便、高效，成为了无孔不入的“顺风耳”。

俗话说：道高一尺，魔高一丈。自从窃听器问世后，各种反窃听武器便也应运而生。只要利用“反窃听手提场强测量器”就能极灵敏地测到窃听器中的微弱的电子变化，然后一点一点地接近窃听器，直至准确找到它的位置，彻底破获它。美国国家安全局研制了一种新型的KL-43型高保密密码电话机。它既可防止窃听，还可探测出窃听者和窃听器的方位。但是，反窃听专家又生产了一种“反反窃听器”，国外有人形象地称之为“干酪盒”或“黑盒”等。这种仪器能够有效地防止被反窃听装置发现，即使被发现，也可以在反窃听小组到来之前就及早预先报警而逃之夭夭。

看来，这个窃听和反窃听的游戏还会无休止地继续下去，也许没有谁是胜利者，但这就是谍战——惊险又刺激。

民国时期的惊魂谍战

他，曾多次身临险境，生死难测，但却总能处变不惊，逢凶化吉；他，虽未指挥过千军万马在战场上陈兵逐鹿，但却精心策划过无数令人叹为观止的情报战。大革命失败后，他打入敌营，窃情报，巧周旋，力挽狂澜；“西安事变”前后，他辗转奔波，积极促成张学良、杨虎城的转变；抗日战争中，他领导的中共情报机构侦情报，搞策反，令敌丧胆；朝鲜停战谈判中，他坐镇幕后，运筹帷幄，使美军俯首；解放后，他领导着新中国的情报事业，是国家秘密战线上的守护神，上将的头衔，他当之无愧……

中国共产党特工之王李克农（后排右一）

意外来客

1931年4月26日，星期日，早晨8时多，上海依然沉浸在初春的特有氛围中，整个城市似乎还未睡醒，处在半梦半醒之中。

周末睡懒觉的人比较多，所以街道旁的小吃摊还没有散。这一条街真够热闹的，吊嗓子的、叫卖的、大人吆喝小孩子的声音此起彼伏。一群乞丐正兴致勃勃地沿着街道旁的小吃摊乞讨着，有个大方的客人剩在盘子里几个小包子引起众乞丐的疯抢。这时小吃摊的老板过来驱赶，于是乞丐们就和老板大讲道理。双方引经据典，叽叽喳喳地辩驳不停。很快，围观的市民越来越多，大家都期待着这次争吵尽早有个结果，回去后好和家里人聊一聊早晨的见闻，都这个时候了，家里的人还等着早点呢!

老板和乞丐的辩论很快到了白热化阶段，在围观人群的哄笑声中，乞丐们败下阵来，灰溜溜地离开了。这个时候，临街民宅二楼的一扇半掩着的窗户正要关上，突然又推开，屋内欣赏了楼下这场争论已久的这个人，望着远处一辆晃着铃声飞速跑来的黄包车愣住了。

今天不是接头的日子，为什么他会来？

黄包车上坐着一位西服革履的年轻人，他一直盯着这扇窗户看，两个人目光一接触，年轻人似乎如释重任。这个年轻人就是钱壮飞的大女婿——中共地下交通员刘杞夫，他在“正元实业社”做杂务跑腿的工作，实际是钱壮飞和李克农之间的联络员。刘杞夫要见的就是楼上的这个人——李克农。

李克农仔细观察了一下街道上的人，没发现异常现象，他敏感地觉察到，南京肯定出大事了，否则，钱壮飞不会不顾党的地下工作原则，不在约定的日子里碰头。有节奏、断断续续的敲门声响起，李克农打开门，略显憔悴的刘杞夫闪了进来。

刘杞夫神色紧张，呼吸有些急促地说：“出大事了，顾顺章叛变了。”说着从公文包里拿出一沓商业合同，抽到其中一页递给李克农。

李克农一怔，他拿着合同走进厨房，用棉签在一个小瓶子里沾了一下特制的药水，涂抹在合同的空白处。这是钱壮飞的手迹，上面写着“顾顺章在武汉被俘，已确认其彻底叛变革命；待转押至南京后，顾会供出全部机密，并随队抓捕；上海、南京等地的所有关系和接头点需立即撤退。”

这三行字犹如一针刺心，李克农心头剧痛：作为中共中央政治局候补委员、中央“特科”负责人之一的顾顺章竟然叛变了，中共中央首脑机关和中央领导人岂不是危在旦夕了？

刘杞夫走后，李克农销毁了密信，他在屋内转了一圈又一圈，烟吸了一支又一支！他要强迫自己的情绪安稳下来，让头脑冷静。今天恰好是星期日，不是与陈赓接头的日子。由于都是单线联系，找不到陈赓，就无法向中央报告这个十万火急的情报，然而神出鬼没的陈赓就像大海里的一条鱼，谁也不知道他隐藏在上海的哪个角落里。

不知不觉间，细汗渗出，汇成汗珠顺颊而下。

人去楼空

“对！”李克农脑海里灵光一现，他找到了办法。由于都是单线联系，情况紧急中，他只能先找到江苏省委的负责同志，找到江苏省委后，就能找到陈赓。

整整一天，李克农行色匆匆，找了一处又一处，问了一人又一人。因为大家都遵守地下工作制度，对于李克农异常的举动，有的人都很怀疑他的动机，不肯说出下一个联络点所在处；知道陈赓行踪的江苏省委也没有吐露陈赓的行踪。李克农又不能对这些人说出顾顺章叛变的消息，只有见到陈赓之后，再由中共中央决定通知到哪个部门，哪个人……

苍天有眼，几经周折，李克农总算找到了陈赓。陈赓正要严厉批评李克农在上海地下多个联络点掀起的寻人狂潮时，李克农一句“顾顺章叛变了”的话顿时让他噤若寒蝉。陈赓立即带李克农奔赴另一处联络点面见周恩来。途中，陈赓对

大将陈赓

李克农说：“我以前就说过，顾顺章五毒俱全，只要我们没牺牲，就会有活着看到顾顺章叛变革命的那一天，没想到这一天真的来了。”

两个人匆匆找到周恩来，在听取李克农的汇报之后，周恩来沉默了片刻，然后要求两个人立即着手梳理顾顺章的所有关系网。随后周恩来召集了中央有关领导，决定采取断然措施，把顾顺章知道的所有关系和线索统统掐断，把顾顺章知道的所有联络暗号和接头方法全部作废。同时，中央机关、江苏省委机关、共产国际在上海的机关全部撤出上海，中央领导和机关工作人员、地下交通全部转移，立即行动。

再说立功心切的顾顺章，26日下午，顾顺章的军舰才姗姗来到南京。顾顺章见到了蒋介石，却发现蒋介石并不怎么待见自己。为了立大功，他先到监狱里指认了恽代英（当时，恽代英正被关押于南京中

央军人监狱，由于用的是化名，身份尚未暴露，经多方营救，眼看即将出狱）。由于顾的指认，恽代英被敌人杀害在南京雨花台。随后，顾顺章又供出了蔡和森在香港的住所，旋即蔡和森被捕。

4月27日一大早， 陈立夫、徐恩曾带着顾顺章就出现在上海的街头。按照顾顺章提供的各个联络点的地址，各路军警像饿虎扑食、恶狼端窝准确无误地向目标扑去。但见所到之处，人去楼空，一个个希望都落空了。在四壁徒然的中央机关里，刚刚烧完的文件还冒着缕缕青烟，纸灰在各个屋内飞舞着，来不及拆除的隐藏在树丛里的天线还在那里悠悠晃动。

陈立夫目瞪口呆，恼怒地看着徐恩曾。徐恩曾一把拖过顾顺章，大声追问怎么回事，顾顺章木头人般地戳在那里，他也想不明白，共产党怎么全线撤退的这么快，他拉过几个附近的居民问，“里面的人什么时候走的？”居民回答说：“他们走了不到5分钟你们就来了！”

周恩来、李克农等人确实刚刚离开，他们指挥着众人销毁了机密文件，然后分批撤离，就在敌人眼皮下消失了。陈立夫哀叹道：“活捉周恩来，只差5分钟，党国辉煌的历史就差这5分钟啊！”陈立夫的哀叹并不正确。5分钟只是表面现象。实际上从他委任徐恩曾建立中统特务组织开始的第一秒种就注定了今天的结局。

蒋介石一直坐镇南京，焦急的等着战报，结果却是水中花，所有的“大鱼”都漏网了，翻遍了整个上海滩也没找到这些人的踪影，气的蒋介石在电话里狠狠地骂：“娘希匹的顾顺章！大话说的满天飞，连个有价值的交通员都没有抓到，还想邀功”他让陈立夫立刻枪毙了顾顺章，以雪党国之耻。

陈立夫铁青着脸来到顾顺章面前，顾顺章情知不妙，慌忙请罪，连连述说自己的家属还有大量的情报来源。由于顾顺章所处的极高地位，他的家属很多都参与了共产党的地下工作，通过他的家属，顾顺章又带领军警人员展开拉网式清理，致使当时上海等地未来得及转移的地下党机构几乎完全被摧毁，800多人被捕杀。

中华苏维埃共和国临时中央政府主席毛泽东亲自签发了通缉令，对顾顺章下了“格杀勿论”的严令。在中共历史上，由中央政府对一个叛徒下这种“通缉令”，极为罕见。

顾顺章投入敌人怀抱后，由于个人野心极度膨胀，摇摆于中统、军统之间，两方面都想邀功买好，因而不久即遭中统的冷落。不甘寂寞的他又企图组建所谓的“新共产党”，犯了蒋介石的大忌，终于被逮捕关押。1935年6月，顾顺章被秘密处死于苏州监狱，死况甚惨。

特别小组组长

李克农是经过钱壮飞的介绍进入中统组织的，而且也是徐恩曾最为欣赏的亲信之一。1928年秋天，徐恩曾被任命为上海无线电管理局长后，就将钱壮飞留在身边，担任该局秘书，后任徐的私人秘书。徐是国民党中统头子陈果夫、陈立夫的亲信，所谓无线电训练班和无线电管理局，实际上是国民党的特务机构。当钱壮飞了解到这些之后、很想向党组织汇报有关情况，希望得到党的高层领导指示：他在这里该如何应付？

这时，李克农正化名李泽田，在中共沪中区委会任宣传委员。有一天，李克农在一家电影公司摄影棚内巧遇胡底。他们是安徽同乡，在芜湖时就相识，一起参加革命活动。经过胡底的安排，这年11月初的一个晚上，钱壮飞和李克农在胡底的摄影棚里见了面。

听完钱壮飞详细讲了离开北京之后的这段经历，李克农说，你一个人孤军奋战，在里面的确不好周旋，有没有办法再楔个钉子进去？钱壮飞想了想说：“眼前倒是有个很好的机会，上海无线电管理局正在招兵买马，扩充人员。现在缺少广播新闻编辑，要公开招聘，希望党组织利用这个时机，派人打进上海无线电管理局。”

事后，李克农将有关情况报告了中央，并且提出自己愿意报考国民党无线电管理局，和钱壮飞、胡底在国民党特务机构里建立共产党特别小组的建议。周恩来同意李克农的建议，他指示李克农，以公开应试的方式打进去，争取把敌人的情报机构“拿过来”。

中统特务培训班毕业照

经钱壮飞巧妙安排，李克农认真准备功课，在极短的时间内，掌握了应考的必备知识，以优秀的成绩名列第一。他于12月间考入了上海无线电管理局，被任命为该局的广播新闻编辑。徐恩曾对李克农观察一段时间后，庆幸自己又觅到一员干将。不久，李克农便升任特务股股长。官虽不大，却管着全国的无线报务员，这正是获取情报最好的位子。

不久，胡底也寻机进入上海无线电管理局工作，后来去了天津。就这样，李克农、钱壮飞、胡底三人成立了一个党小组，由李克农担任组长，并由他和“特科”情报科科长陈赓单线联系。工作的重大问题，由党小组讨论决定，分头执行。自从有了“长江通讯社”，他们三人的活动更加方便。每次李克农到南京，便在中央饭店住下，三人在这里一块商谈工作。

得力干将

徐恩曾逢人便得意地夸耀自己有三员干将：全能的机要秘书钱壮飞，坐镇设在南京的特务首脑机构——“正元实业社”，兼管“长江通讯社”和“民智通讯社”；上海无线电管理局的特务股股长李克农；天津长城通讯社社长胡底。有他们3人，自己就有了最灵敏的耳目。全国南北，无论是共产党还是国民党内部各派，或者其他党派的情报都会以最快的速度放在他的办公桌上。

但是，徐恩曾做梦也想不到，他的得力干将，竟然都是共产党的忠诚战士；他引以为豪的特务网竟由共产党员替他出谋划策建立起来。他想象不到，绝密情报在送到陈立夫、蒋介石面前时，竟有一份复制品放在共产党中央的领导人面前。

徐恩曾十分器重李克农，国民党需要什么情报时，李克农等人便闭门造车，似真非真，似假非假地炮制一份报告，直把徐恩曾高兴得拍案叫好。

1930年中原大战之后，蒋介石非常想了解张学良的动向，几次

东北军入关参加中原大战

派情报人员出关，均被想要潜伏在东北的日本特工搞掉。不得已，只得动用钱壮飞，命他组织一个小组去沈阳。中央特科为了慎重起见，除派胡底一同前往外，还特别派情报科长陈赓前往辅助钱壮飞。他们拿着国民党的钱，到东北旅行一星期，由于一路上有当地的组织负责保护，所以根本不会发生什么情况。陈赓利用这次机会，顺便视察了中央特科在东北和华北的工作，并为中央带回许多重要的秘密情报。从东北回来后，李克农和他们在一起，经过研究，真真假假的写成了一份4万字的报告。钱壮飞回到南京后，将报告交给徐恩曾，徐仅看了开头一部分便连连称赞“了不起”，“实在了不起”，并惊叹“哪来这么好的材料”？！这份材料递到陈立夫那里时，又得到嘉奖，最后这份材料出现在蒋介石的桌子上，成为了徐恩曾、陈立夫请功的资本。

从1929年底到1931年4月的一年多时间里，李克农活动在敌人的心脏，以自己的机智和胆略，以及对革命事业的无限忠诚，演出了中共地下工作史上最为壮烈、辉煌的一幕，出色地完成了党交给他们的把国民党特务组织“拿过来”的艰巨任务。

有一个国民党公安局的侦缉队长抓捕了许多共产党人。李克农决定除掉这个家伙，但是他不想搞暗杀，他设计了一个局：首先李克农派人租下一处房子，布置一些自己人住在那里，然后故意露出马脚让这个侦缉队长侦知情况。当这个侦缉队长要去捕人时，李克农派人暗示这个人，放长线，钓大鱼，暂时不要行动。这样，几天以后，当这个侦缉队长再去捕人时，早已空无一人。虽然搜捕时也捡回一些文件，但全部是不重要的，并且是国民党早已弄到手的。当上司质问为什么让共产党“漏网”时，这个队长解释说想钓大鱼。中统特务怀疑他的动机，考察一段时期后，便被以“通共”名义将其枪毙。此事干得极为干净利落，不留任何痕迹。

徐恩曾每次来上海，都要和李克农推杯把盏，互诉“衷肠”，而李克农终生虽好饮酒，但脑子反应极快，加之特殊使命在身，所以每次都能把徐恩曾说得心花怒放，将其灌得头重脚轻。这样的地下工作局面来之不易，对于中国共产党来说，上海虽然危机四伏，但是中共中央却十分安全，这不能不说是李克农领导的特别小组功劳所在。

但是，1931年也充满了曲折和磨难，顾顺章的叛变，让中共中央在上海再也难以立足。到了这一年年底，李克农被迫撤离上海，前往中央苏区，中共中央也随之迁往瑞金。与此同时，钱壮飞和胡底也陆续进入苏区。

1934年的10月，担任红军工作部部长的李克农，跟随中央踏上了长征之路。然而，真可谓是万里长征人未还，当年叱咤风云的“龙潭三杰”，走完长征之路的却只有李克农一个。其余两人都未能完成长征壮举，途中，胡底被张国焘杀害、钱壮飞失踪牺牲，令人扼腕叹息。

东北军中的神秘人物

1935年冬，中共中央长征到达了陕北，建立了中共中央联络局，又称西北联络局，由李克农担任局长。从事对国民党、特别是东北军和西北军的统一战线工作。

统战工作主要是从加紧做俘虏的东北军军官高福源的工作开始的。高福源是在陕北榆林桥战役中被红军俘虏的东北军的一个团长。被俘后，高福源在瓦窑堡住了约两个月，期间看到了红军积极向上、坚决抗日的状态，同时他也受到深刻的政治教育。他想有所作为，便要求回到东北军去劝说张学良走联共抗日的道路，想为神圣的民族解放事业贡献自己的一份力量。

1936年1月8日，高福源前往洛川。一周后，他带着令人吃惊的消息返回了红一方面军司令部。据高福源说，他在洛川不仅见到了王以哲军长（东北军第六十七军军长），张学良也亲自驾机从西安飞来与他谈话。谈话结果令人感到兴奋，因为不仅王以哲对于中共“共同抗日”主张深表赞成，而且张学良也表示愿意亲自与中共方面的全权代表就共同抗日问题进行商谈。对此，中共非常重视，经过反覆考虑，决定派李克农为红军代表去洛川同张学良谈判。

1936年2月21日，李克农一行在大雪中从瓦窑堡出发赶赴洛川。谈判是严格保密的，所以他们一律

东北军前期谈判代表王以哲

便装打扮，正式代表李克农穿的是中山装。有一位译电员随行，为了安全没有携带电台，准备借用东北军的电台；另有一个秘书，实际是负责采购物品和药品的；还有一位警卫员，负责保卫工作。李克农一行4人，加上高福源，在沿途东北军的护送下，于25日下午5时左右到了洛川。

李克农被王以哲安排住进一处警卫森严的偏僻场所，任何人不许打听客人的情况，也不许接近这个禁区。这个神秘人物的到来，只有东北军内部极少数重要的将领知晓。由于张学良临时去了南京开会，洛川会谈只有李克农和王以哲等少数几个人秘密进行。从2月26日到28日，王以哲根据张学良的电文指示，同李克农多次交换意见，就红军与东北军六十七军的局部合作问题达成了若干口头协议。

远在南京的张学良对初次会谈的成果非常满意，他却无法参与其中，心里比较着急。蒋介石又一再督促他立即进剿红军，并调动中央军驻防东北军附近，名为支援，实为监视。张学良虽然身在南京，心早就飞回洛川了。

唇枪舌剑

3月3日，张学良由南京返回西安，第二天就飞抵洛川，秘密与李克农面谈。洛川会谈的第二阶段正式开始，主要谈判整个东北军与红军停战共同抗日的问题。谈判是在李克农住处的一个小房间里进行的。

张学良化了装，身穿西服，鼻架墨镜，手提文明棍，像一位精明的富商，又有一副风流倜傥的派头。他一进门就对李克农说："李先生辛苦了，我这次来是'整销'的，不是'零售'。"言下之意，红军与67军达成的口头协定，他已经知晓，完全同意。但那只是局部的，他要做一次大买卖。

李克农意会了，也完全同意，就诙谐地说："看来张将军解甲从'商'了。"

"你是干什么工作的？"张学良突然问李克农，可能他从有关方面打听过李克农的经历，对特工出身的李克农心存疑虑。

"红军政治部组织部部长。"这是李克农此行的公开身份。

"组织部是对付敌人的吗？"张学良又问。

"不是。"

"你到我这儿来，毛先生和周先生知道吗？"

"我正是奉他们的命令来的。"

"好！"张学良一拍椅子扶手，站起身来，踱着方步，边走边说："那就请解答几个问题：第一，你们红军是不是真抗日？是一个幌子呢，还是真的？第二，红军内部是不是团结？第三，你们说是抗日的，为什么一定要反对蒋介石？"

李克农心里清楚，红军代表应以诚待人，但面对骄傲的张少帅，也要有一定的"斗争"。于是他说："红军当然是抗日的，不是为了抗日，何必二万五千里长征到此？至于第二个问题：红军是团结的，但是的确有些争论。你晓得，张国焘跟我们已经分了家。但这是我们党内的路线斗争，你张先生不是共产党员，不可能体会。"李克农知道张学良是暗指张国焘分裂共

张学良

产党，另立党中央的事情，所以认为红军不团结，就主动挑明了谈。张学良点点头，表明理解李克农的回答。

“抗日为什么要反对蒋介石呢？”李克农自问自答，“就是因为他不抗日嘛！凡是抗日的我们就团结，这是我们的方针。”

对这个解释，张学良不同意，因为天快黑了，张学良请李克农先吃晚饭再说。

吃完饭继续会谈。张学良问：“我不知道李先生能不能负责？要能负责，再谈下去。”看来，张学良对李克农在共产党内的作用有多大不摸底。

“当然能负责。如果我不能负责，早就声明了。既然派我来，我就是全权代表。”李克农回答得很干脆。

“那么，我要问一问，你们红军能不能放下武器，接受政府的改编？”张学良以退为进，在谈判中处处设陷阱。

李克农马上断然回答：“张先生，你误会了！我不是投降代表，是谈判代表！这一点你可不要弄错了！如果没有谈判的诚意，也就没有必要继续谈下去了。”说完，他立起身就往外走。

张学良连忙起身相拦，说：“不要走！不要走！谈下去！”接着他又亮出一手，指着地图说：“能不能把瓦窑堡让给我？”

李克农立刻说：“如果副司令要此地，为什么不多要一些地方？我们共同抗日，收复失地不

“西安事变”旧址五间厅兵谏亭

好吗？”后来达成的协议中有此一项，红军主动让出瓦窑堡，中共中央机关搬迁到肤施（延安）。红军体谅东北军的处境，退让一下，让张学良拿这个“战功”堵蒋介石的嘴。

后来，张学良收复瓦窑堡的“喜报”登上了全国各地的报纸。

谈判专家

谈判中，张学良表示他完全拥护共产党联合抗日的主张，希望能同中共主要负责人晤谈。 到3月5日凌晨5时，谈判顺利结束，达成了红军与东北军停止内战、共同抗日的初步协定：

一、张学良提出，最好由毛泽东或周恩来为中共全权代表，与张进一步商谈抗日救国大计。地点定在肤施，时间由中共定。

二、张学良负责和盛世才交涉红军代表借道新疆去苏联的事。

三、中共派代表常驻西安，由张学良以灰色名义掩护。

四、红军与东北军建立电讯联络。

3月16日，李克农一行顺利返回石楼。他向毛泽东、周恩来、张闻天等中央领导人详细汇报了谈判经过。3月27日，中共中央在石楼附近召开会议，认为张学良的态度是诚恳的，同他进一步谈判，对开展抗日统一战线很重要。会议决定，由周恩来为全权代表，偕李克农到延安与之谈判。延安谈判以后，共产党和张学良走得越来越近。李克农负责有关东北军事务，与张学良的关系也越来越密切。

1936年12月12号，张学良、杨虎城在几次苦谏未果的情况下，决定实行兵谏，扣押蒋介石，逼蒋抗日。

西安事变后，中共派出谈判代表团，李克农被任命为中共代表团秘书长。为了配合周恩来与张学良、杨虎城的会谈，李克农与东北军、西北军许多中高级军官多方接触，了解到他们要杀蒋介石的情绪很强烈。他一方面向周恩来汇报、请示；另一方面根据自己在此问题上的认识转变过程，耐心地做那些军官们的工作，晓以大义，阐明中共中央主张和平解决西安事变的精神，使得东北军、西北军内中高级军官的思想终于大体统一。共产党、东北军、西北军“三位一体”，为同蒋介石谈判，准备了有利的思想一致的条件。

1937年2月，国共在西安的谈判受挫，随后移师上海，李克农受命作为中共代表前往。临行之前，周恩来单独向他交代，到了上海，谈判之外，也要“做一些我们需要做的事情”，周恩来虽然并未点题，但是多年追随他的李克农，已经了然于心。

“西安事变”的爆发，让中国国内的格局，随之发生了重大的改变，晚年的张学良在回忆那一段前朝往事的时候，特别提到过和他第一次接触谈判的李克农。他说自己手下的军长王以哲，就很听李克农的，而李克农是个非常“厉害”的角色，自己很佩服这个人。

巧救白崇禧

抗战初期，李克农随周恩来到国统区工作，与昔日的“老朋友”徐恩曾和戴笠等特务斗智斗勇，建立了许多秘密情报网。1937年8月27日，李克农带领几位助手匆匆离开大上海，搭乘火车来到南京，他奉中共中央之命，出任陆军第18集团军驻京办事处处长。李克农有少将军衔，但他搬进鼓楼附近的傅厚岗66号(现青云巷41号)的一幢西式小楼里后，很少穿军装，因南京太闷热，天天高温逼人，而且全副武装也不便与各阶层人士接触开展工作。

李克农搞统战工作雷厉风行，很快利用关系办起《金陵日报》，全力宣传抗日，鼓舞军民士气。他很注意收集情报。他心情沉重地发现，这几年来南京的中共地下党迭遭军统、中统的摧残，损失相当严重，利用国共合作机会保释出的在押的中共党团员也只有不足两百人，而国民党特务对打击猖狂活动的日谍、汉奸很不得力，仍处心积虑地“限共反共”。八路军办事处就受到特务们的监视。这种现象令李克农痛心而气愤，但为了顾全大局，他和战友们还是沉住气开展抗日情报活动。

“小诸葛”白崇禧

一天上午，李克农意外得到一份情报：“日本特务要刺杀白总长，切切不可大意。”李克农和几位同志商量此事。大家都认为，此事宁可信其有，不可信其无，但又不便通过官方渠道告诫白崇禧注意安全。李克农想到了中共秘密党员谢和赓。谢和赓称白崇禧、马佩璋夫妇为表姑父、姑母。早年在桂林时过从甚密，恰恰也正因有这层家世背景，谢和赓一向深受白崇禧信任，进入桂系军中担任白崇禧的机要秘书。

“七七事变”后，足智多谋、文武兼备、有“小诸葛”之誉的白崇禧奉调南京，出任副参谋总长，佐助蒋介石指挥华北、东南抗战，成为大本营的核心人物之一。蒋介石一向痛恨桂系，矛盾很深，一年前差点兵戎相见。如今大敌当前，烽火连天，日本人也觉得白崇禧是个军事天才，不除掉他早晚是个威胁。

谢和赓接到李克农的情报后，立即向白崇禧报警。白很感动，他虽说和蒋介石一向面和心不和，但都很反共。如今中共方面出于抗战大局向他打招呼，令他百感交集，他以后更加小心，不仅加强了个人警卫力量，还不定期更换住所，以让日谍无从下手。

白崇禧在南京有两处住所，一处在逸仙桥附近的雍园9号，是一座带花园的小洋楼；一处在清凉山古寺，亦是一洋楼。白崇禧忽而住雍园公馆，忽而住清凉山别墅。他谢绝了宪兵司令谷正伦要为他加派一个排宪兵以保护他的“好心”，因为他已听谢和赓说过，谷正伦与日军间谍组织有一种说不清道不明的关系。

9月19日晚上，夜色浓重，下着小雨，十余个人影分两路从广州路和清凉山上潜往白氏别墅。一行人翻墙进入大院，几声犬吠之后，几只烈犬就没了声音，接着这些不速之客就扑向别墅。突然，树阴处和窗口内伸出许多枪管，双方发生了激烈的枪战，各有人员伤亡。偷袭者正是日军间谍，他们发现别墅内已有防卫，不敢恋战，在卫戍司令部巡逻部队赶到之前迅速撤逃。

次日，白崇禧得知日谍果已动手，庆幸自己当晚临时换了住所，又有所准备。当然他也很感激顾全大局、不记前仇、不究既往的李克农等共产党人。

李克农（戴军帽拿旗者）接受华侨捐赠的汽车和锦旗

虎口脱险

武汉、广州失守后，八路军在广西桂林建立了办事处，李克农兼任桂林办事处主任。1941年1月，国民党顽固派发动皖南事变，掀起了第二次反共高潮，八路军桂林办事处也成为他们封锁的主要目标。李克农接到命令，指示他在紧急疏散民主文化人士后，迅速撤回重庆。

1941年1月21日，李克农带领着一辆小汽车和一辆卡车，满载物资和撤离人员，在广西省政府小车引导下驶出了办事处的大门。由于桂系“礼送出境”的友好政策，国民党特务慑于桂系的屡屡劝告，在桂系的势力范围内不敢“造次”。因此，李克农一行在广西境内未遇到太大的麻烦，很快便到了贵阳。

李克农（中）在桂林办事处

李克农到贵阳后，国民党一个上校特务奉命前来，请李克农一行多住几日，帮助贵州军界出谋划策，并慷慨表示可以从经济上予以资助。原来国民党特务早已奉命在此截留李克农，但一是惧怕他的声名，二是李克农手中各种证明、通行证俱全，怕贸然扣押影响太大，所以借留李克农在此“指导”工作，以向八路军“学习”和“请教”为名，将李克农滞留于此，等待时机再下手。

李克农虽看出了敌人的诡计，但为了迷惑敌人，他以观看城市风景为名，把贵阳的地形侦察了个清清楚楚。一连两天，李克农对贵阳的兴趣未减，时而游览，时而和上校在街头吃风味小吃……国民党特务以为李克农上钩了，防守渐渐地松弛下来。

第三天一大早，趁国民党特务们都还在睡梦中，李克农神不知鬼不觉地带着两辆汽车躲开了哨卡，悄然离开了贵阳。国民党特务头目勃然大怒，命令军统息烽站一定要堵住。

当李克农的汽车到达息烽站时，栏杆、路障早已放下，特务们如临大敌，还在不远处的房顶上架起一挺机枪。一位八路军的副官跳下汽车，前去接洽，同时亮出了通行证。特务们故意刁难，声称要检验人员和物资。李克农示意让他们检查。

检查完毕，他们并没有发现什么可疑之物，特务站长又走到小汽车旁喊道："我们要检查这辆车!里面的人出来!"两只装有机密文件的皮箱就藏在车上。如果让他们查出来，其后果不堪设想。李克农便厉声喝道："混蛋!连老子的车也敢刁难，太无法无天了!"。特务站长见状，先是一愣，随即冷笑道："你就是他们的头目吧?兄弟奉上司命令，检查往来车辆，缉拿叛军奸党……"

不等他说完，李克农大声说道："谁是叛军奸党?""蒋委员长已下令，新四军就是叛军，他们通敌叛国，你们办事处在后方扰乱地方治安……"一个小特务挥着手枪狂叫着，"上司有令，抓住八路军、新四军格杀勿论。"李克农从口袋里掏出一张纸，在特务面前一晃，厉声喝道："这里有军委会命令，凡沿途无故阻拦本将军者，就地正法!"

随车的几个战士迅速掏出手枪，顶上子弹，枪口对准了特务们。众特务虽然强横，但也不敢和军队的士兵过招，何况对方又有军委会的命令，得罪了可真吃罪不起。于是他们不敢再逞威风，只好悻悻地拉开栏杆，撤去路障，放他们通过。

离开检查站后，副官问："克公，你哪来的军委会的命令?"李克农大笑起来，看着副官说：想不到我们的副官也被蒙住了!我哪有什么军委会命令，不过是李济深开的桂林办公厅的一张介绍信罢了。这些小特务，吓吓商人、老百姓还可以，见到咱们真玩枪的人就熊包蛋了，哈哈！"

十八军是陈诚立足军界的资本

保驾护航的军统上校

沿着崎岖的山路行驶数日，又冲过十多道交通检查站，李克农一行出了贵州，到了四川境内重庆70里外的"一品场"检查站，这是当时从东南、华中、云南、贵州等省区陆路到重庆的必经关口。把守一品场检查所的，是戴笠的心腹干将，军统特务头子之一的上校韦贤。

花了约一个小时，检查员才加盖了检查所的印戳。这时一个特务走到李克农车前，笑道："我们所长要去重庆海棠溪开会，能否搭乘你们那辆小汽车?"说着指指李克农坐的小汽车。李克农一听，笑着说道："好嘛。"

不一会，上校韦贤提着小皮箱上了汽车。韦贤仔细打量了一下李克农：一身戎装，缀少将军衔，圆圆的脸庞上架着一副墨镜，透出一股英武、慑人气势。"老兄在十八军任何职啊?"韦贤有些气短地首先与李克农搭话。军统虽然很牛，对军队里的人还是很客气的。

李克农心中一怔，十八军?他看看自己的臂徽"十八"。哦，原来这位上校所长居然如此马虎，误将"十八集团军"当作"十八军"！十八军是陈诚的嫡系，蒋委

军统头子戴笠

员长的“御林军”。李克农决定将计就计，冒充一下“十八军”的少将。他哈哈一笑，反问道：“你就是大名鼎鼎的韦所长吧?久仰，久仰。”

闻听此言，韦贤也大吃一惊：“听口气他居然对我的情况很熟悉。”他疑惑地望着李克农。“我是十八军司令部秘书长。你的大名谁人不知?我还听说，你在一品场检查所治理有方，深得戴老板信赖，许多人都告过你的御状，也没奈何你。有这事吧?”李克农道。

怪不得对自己这么熟悉，原来是十八军司令部的秘书长，一定是陈诚的心腹。听了李克农的话，韦贤也有点得意，便顺着李克农的话吹嘘起来。“兄弟治理一品场，向来从严要求，专门检查昆明、东南、两广的走私货物，所以得罪了许多人。他们跑到戴老板那里告我的黑状，可是戴老板就是不信他们那一套。”“哦?为什么呢?”李克农故作惊奇地问道。

“这里面当然有原因。”韦贤洋洋自得：“有一次，戴老板从贵阳赶回重庆，在夜间经过这个检查所时，事前谁都不知道，连我也没有得到通知。戴老板的司机横冲直撞惯了，不肯停车检查，被检查员挡下以后便大发脾气。当时我正好在，因天黑也看不清戴老板是否在车上，怕司机冒充，还是叫停车。那司机对我大叫：‘老板的车你也敢挡住!’我一听，十分恼火，就不客气地吼道：‘我是奉老板命令检查，他自己规定的，自己更应当遵守，不管谁，我都要检查!’戴老板在车上听到了，从车上下来按规定手续办理，还特别嘉奖了我一顿，说我铁面无私。这件事传出去以后，来往车辆便更加小心，谁也不敢再来寻事。戴老板怎能不信任我!”

两个人越说越“亲近”，很快就称兄道弟，李克农不动声色巧妙地应付着，从韦贤口中“掏”出了不少难得的情报。为了在这位新交知己面前炫耀自己的威风，每当汽车过检查站时，韦贤便远远地把头伸出车窗，挥手喝退那些前来检查的特务。特务们一见是他，连忙挥动小旗，搬开栏栅，挥手放手。车到海棠溪已是下午，这里是进入重庆市区的最后关口，国民党检查甚严。韦贤与李克农握手告别，并递给他一张盖有“国民政府军事委员会水陆交通统一检查处”印章的特别通行证，还回头对准备检查的特务厉声喝道：“这是十八军的军车，这位将军是我的朋友，还检查什么，快放行!”

傍晚，李克农一行安全抵达红岩村八路军重庆办事处。当李克农绘声绘色向周恩来、董必武等讲述路上的惊险场面，以及国民党上校韦贤误将十八集团军当作十八军时，大家都笑了。董必武说：“克公居然能令他们的上校特务亲自保驾护送。戴老板要是知道了，不知要发多大的脾气呢!”

具有讽刺意味的是，在韦贤匆匆来重庆参加的会议上，戴笠特别强调要严格检查，务必在四川境内截住李克农。可戴笠万万没想到，一路争分夺秒的李克农早已由他的心腹护送，安全到达重庆八路军办事处了。

共产党的“大特务”

1941年4月，李克农历尽艰险返回延安。毛泽东专门请他一家吃饭，席间还对李克农的女儿李冰开玩笑说：“你知道你父亲是干什么的吗?……他是个‘大特务’，不过是共产党的‘大特务’。”李冰惊讶了半天，不知道该怎样接毛泽东的话。

抗战胜利后，蒋介石来电邀请毛泽东到重庆共商国事。蒋介石是真请还是假请，这是中央决策前必须要弄清的。李克农的情报特侦系统日夜侦听国民党电讯，希望得到有价值的情报，但国民党使用的密码却无法破译。

这时，李克农突然想起国民党驻延安有个联络处，他们必与重庆就毛泽东是否接受邀请有情报往来。通过这个联络处搞到密码岂不更容易？果然不负李克农所望，几经尝试，密码就得手了。于是，一道命令下达：日夜监听这部电台与重庆的联络。

很快，一份份密电被破译后放在李克农面前。李克农是情报行家，他一个字也不放过，经过反复阅读、分析、归纳、综合，从繁多的往来密电中。得出一个结论：蒋介石认为毛泽东不会应邀，也不敢应邀。邀请是演戏，目的是做样子给全国人民看的，把不愿意和谈的罪名加在共产党的身上。

李克农的杰出工作使中共中央掌握了蒋介石的心理，也让毛泽东心里有了把握。1945年8月26日，毛泽东坚决主张亲自赴渝。中央政治局召开会议集体议定：既然蒋介石是假邀请，我们就要弄假成真。由毛泽东亲自率团到重庆，争取主动权。谈得成最好，谈不成也可以揭穿蒋介石的政治伪装，争取战略主动和广大人民的支持。

历史见证了这一幕，当毛泽东的飞机降落在重庆的时候，国民党中央政府慌作一团，他们没想到毛泽东真的会来，连和谈的提纲都没有准备，甚至和谈的人员都没有落实。毛泽东的到来，让全国人民看到了和平的希望，看到了共产党的诚意。不过，重庆谈判最后还是破裂了，从此以后，国共两党数百万军队开始了血与火的大厮杀。

情报合作

1949年12月，毛泽东第一次访苏，李克农一直护送到满洲里。在路上，他除了与毛泽东谈工作，也陪毛泽东聊天。据说，毛泽东十分喜欢同李克农聊天。李克农在情报战线立足不是简单的事情，他对文史哲精通，也熟悉三教九流，他是个职业革命家，也是个社会活动家。就在同毛泽东聊天中，他向毛泽东提了一个问题："主席！你知道美国总统每天上班后第一件事情干什么？"

"哦？"毛泽东来了兴趣。他没说下去，等待李克农的下文，李克农便一五一十地说了："他第一件事就是看情报要点。否则，这一天不知该说什么，做什么事了！"毛泽东猜透了李克农的弦外之音，回答甚是机智："我和美国总统不同，是随到随看，不怕多只怕少！"他笑着对李克农说："你这个李克农啊！还要给我上课？好！这次去莫斯科，还要同斯大林唠唠你们那摊子事呢！"果然，毛泽东到苏联后就与斯大林商谈了情报合作，不久，李克农奉召到苏，研究情报合作事宜。

李克农（右下）在朝鲜板门店

在中苏情报战线合作不久，由于受当时"一边倒"的影响，毛泽东曾在李克农汇报工作后，对中苏情报合作做了八个字的指示，大意是"诚恳、完全、毫无保留"。毛泽东讲，李克农便记了下来。当李克农记录时，毛泽东问他记什么，并要过去看了一遍，然后便撕了。李克农对毛泽东撕掉他的记录纸的行为感到不解，但似乎又明白了什么。

对毛泽东的指示，他是执行的，但在执行中还是有自己的思考的。李克农认为中国的情报事业还是需要保持自身特色的。为此在执行中，他有说法："浑身脱得光光让苏联人看，暴露无遗，但心里秘密只要不吐口，骨子里的东西你就看不到，也就不知道！"

在中苏情报合作的问题上，李克农的大智大勇展露无遗。因此事他后来遭到康生的陷害，但历史证明李克农是正确的。数年后，中苏关系破裂，苏联情报专家以为满载而归，事实上我国情报工作并未受到大损失

朝鲜谈判负责人

朝鲜战争爆发后，李克农奉命入朝，主持与美军的谈判事宜。

1951年7月4日，毛泽东给金日成的电报第一句话就是：“我方是此次谈判的主人。”而李克农是主持这次停战谈判的实际负责人。

朝鲜战争激烈进行的同时，以朝鲜人民军和中国人民志愿军为一方，以打着“联合国军”旗号的美国军队为另一方，在战场西端的板门店，举行了一场历史上罕见的停战谈判。

整个谈判历时两年零十几天，两易会场，五次中断，共开58次双方代表团大会，733次各种小会。中朝方面出面谈判的是朝鲜人民军南日大将和志愿军邓华将军等。谈判开始不久，美国代表就感到中朝谈判代表团中，有一个“巨大的隐形人物”在策划、指挥着一切。这个人是谁？不得而知！

这一天，谈判中出现了罕见的僵局，双方都在等待对方开口，却又谁也不开口。沉默，沉默……空气仿佛凝固了一般，整整沉默了132分钟，这大概是谈判史上无言相对最长的时间纪录了。

中国驻朝使馆政务参赞、志愿军朝鲜停战谈判代表团秘书长柴成文坐在最不起眼的角落里，他悄悄起身，走出会场，来到谈判大厅旁边的一座帐篷里，那里坐着一个留着小胡须、戴着眼镜的中年人，他就是新中国外交和情报战线重要领导人，谈判代表团党委书记李克农将军。这时，他正坐在桌前沉思，一支接一支抽烟，茶杯里的水已喝干，和谈判桌上的气氛很相似。

柴成文来到李克农身后，扶住椅背，在他耳边吐出三个字：“怎么办?”

李克农一言不发，从笔记本上撕下一张小纸条，写下三个字：坐下去。

柴成文又悄悄回到座位上去，将攥在手心里的小纸条，偷偷传给旁边的代表手里，这个人看完后又传下去。短短几分钟，中朝谈判代表成员脸上的表情全变了，由焦躁不安变为沉稳而又笃定，一个个沉下心来，挺直腰板，稳稳地坐在那里，化为一尊尊石像一般。

对方再也无法忍耐这难堪、沉闷、压抑的沉默了，马拉松式的耐心竞赛终于见了分晓，美方代表首先宣布：休会，退席。

美方谈判代表一回到住所，把公文包一扔，就叫出声来：“哎呀，上帝!我以为我麻木的双腿再也不会复活了，这该死的谈判像是一个世纪那样漫长。”

谈判不仅需要策略技巧，而且需要坚强的神经。谈判中有一个技巧就是“拖”，李克农这次可把“拖”的谈判艺术发挥得淋漓尽致了。当然，谈判中也有最短的纪录：25秒。双方代表刚落座，宣布开会之后，随即宣布休会。真是针锋相对的政治战。

虽然我们没有确切的材料证明，李克农率领的情报机关在这场突如其来的战争中能料事如神，但

李克农（右）在朝鲜谈判期间

后来的迹象表明，在掌握敌军各方面的情报上来说，是颇有成效的。据说，中国还提供给朝鲜不少情报。毛泽东曾经夸奖过说，李克农干得不错。

李克农反复叮嘱谈判人员：“对于我们的同志来讲，我不担心哪位同志会在谈判中丧失立场，担心的还是多数同志年轻气盛，经不起人家的挑逗而冲动。”他提醒大家一个重要的问题，刚刚从厮杀的战场上来到会场上坐下来谈判，“仇人相见分外眼红”。如果沉不住气，就会陷入被动。

李克农细心观察之后，在谈判对手中找到了一个活“教员”。他发现美方首席代表乔埃将军不仅是一个极端机灵的政客，还是一个谈判高手。他总是笑意挂在脸上，言词中寸土必争，并且在对手的连连逼问下方寸不乱，把那一双湛蓝色的眼睛眨动得狡黠而又富有表情。李克农对部下指着乔埃那瘦长的身影说：“想一想，我们能不能做到

把对方的长处吸取过来，成为我们手中的武器。”

不但随时指导谈判人员的谈判方式和技巧，李克农还明确了总的谈判思想：“我们是为和平而来的，要把这个主张打出去，使它产生一种力量，也就是政策的威力。我们不要在会场上纠缠于枝节问题，主要是坚持三条原则：一、在互相协议的基础上，双方同时下令停止一切敌对军事行动。二、确定线为军事分界线，双方武装部队同时撤离三八线10公里，同时立即进行交换战俘的商谈。三、尽可能短的时间内撤退一切外国军队……”

李克农早在大革命时期就周旋于国民党和帮会组织之中，又多次担任办事处主任，和各种政治势力、各色人等打交道，有丰富的人际关系方面的经验，又有很高的谈判手腕。在朝鲜战争中的用人安排上，李克农和彭德怀，一文一武，一打一谈，“打的坚决打，谈的耐心谈”，如同毛泽东手中一柄得心应手的双刃利剑。最终在朝鲜停战谈判上取得了主动权，圆满地完成了这一艰巨的任务。

上将李克农

晚年生活

1955年，当毛泽东把军衔授予那些身经百战的将帅的时候，一个从来没有指挥过火线作战的人也被授予上将，他就是李克农。多年的特工生涯，他设法获取敌人的军事动态、政治动向，铲除奸细，惩治叛徒，筹集活动资金，保证秘密交通，保护要人安全等等。在很难看到硝烟的隐蔽战线上，他所建立的功勋虽长期不为人所知，却起到党和军队守护神的特殊作用。

1957年2月的一个中午，饭后，李克农一边往办公室里走，一边咳嗽。他患哮喘病多年，咳起来非常厉害。走到办公室的台阶上，他咳得已是上气不接下气，他试图想扶住柱子，不料，一下摔倒了，更不幸的是，他是头朝下砸在石头台阶上，头骨开裂……

周恩来指示全国脑外科专家赶往北京，组织抢救。据李克农的儿子李伦将军回忆：父亲醒来后，脑子不行了，不能说话，记忆大部分消失，说话逻辑也不行了，……亲人、同志都很难过，他也很难过。也就是在这以后，他开始了几年的休养。

1962年2月7日，李克农的病情加重。这时他仍未考虑上医院，众人请来邓颖超才把他劝进医院。2月9日上午住院，不料，当晚他就在北京医院去世。为中国情报事业奋斗了一生的李克农与世长辞！李克农逝世消息发布的当天，美国中央情报局竟然全体放假三天，以庆贺这个最难缠的对手的离去。

参考文献

[1] 阿文编著. 生死谍战. 哈尔滨:哈尔滨出版社，2008.

[2] 楚淑慧编著．世界谍战和著名间谍大揭秘．北京：中国华侨出版社，2011．